꼬불꼬불나라의
외교 이야기

에듀텔링 011

꼬불꼬불나라의 외교 이야기

초판 1쇄 발행 | 2022년 2월 10일
초판 3쇄 발행 | 2024년 8월 22일

지은이 | 서해경
그린이 | 김용길
펴낸이 | 나힘찬

기획총괄 | 김영주
디자인총괄 | 고문화, 최은선
사진출처 | 국립외교원, 문화체육관광부, 아고라, 아이클릭아트, 외교부, 위키미디어, 주한 프랑스 대사관 홈페이지,
　　　　 주한 캐나다 대사관 인스타그램, 헬로 컴퓨터
인쇄총괄 | 야진북스
유통총괄 | 북패스

펴낸곳 | 풀빛미디어
등록 | 1998년 1월 12일 제2021-000055호
주소 | (10411) 경기도 고양시 일산동구 정발산로 166번길 21-9
전화 | 031-903-0210
팩스 | 02-6455-2026
이메일 | sightman@naver.com

유튜브 | bit.ly/39lmTLT
엑스 | x.com/pulbit_media
홈페이지 | pulbitme.modoo.at
블로그 | blog.naver.com/pulbitme
인스타그램 | @pulbit_media_books
페이스북 | facebook.com/pulbitmedia

ISBN 978-89-6734-137-4 74300
ISBN 978-89-88135-74-7 (세트)

저작권법에 따라 보호받는 저작물이므로 무단 전재와 복제를 금합니다.
책값은 뒤표지에 있습니다.
파본은 구매하신 서점에서 바꾸어 드립니다.

어린이제품 안전특별법에 의한 기타표시사항
제품명 도서 | 제조자명 풀빛미디어 | 제조년월 2024년 8월 | 사용연령 8세 이상 | 제조국명 한국
주소 (10411) 경기도 고양시 일산동구 정발산로 166번길 21-9 | 전화번호 031-903-0210

머리말

이 책을 읽는 어린이에게

어느 먼 곳에 꼬불꼬불나라가 있어요. 팔자수염을 멋있게 기른 수염왕이 다스리던 나라예요. 그런데 수염왕은 제멋대로 나라를 다스리다, 국민에게 쫓겨났어요. 그 뒤, 수염왕은 많은 일을 겪었어요. 꼬불꼬불면을 만들어 팔아서 아주 큰 부자가 되었어요. 세계 여러 곳을 탐험하며 기후, 지리, 문명을 경험했죠. 환경과 인권에도 관심이 생겼고요.

이번엔 수염왕이 슬그머니나라 주재 꼬불꼬불나라 대사가 돼요. 호시탐탐 꼬불꼬불나라를 노리던 슬그머니나라가 꼬불꼬불나라를 쳐들어오려고 하거든요. 수염왕과 슬그머니나라 낄낄왕은 '왕자의 학교' 동창이에요. 최고의 경쟁자고 앙숙이죠.

수염왕은 국민이 뽑은 큰대표(대통령) 흰머리에게 질투 나고, 자기를 쫓아낸 국민에게 서운하기도 했어요. 하지만 수염왕은 꼬불

꼬불나라를 사랑했어요. 꼬불꼬불나라가 위기에 처했는데 가만있을 수는 없죠. 그냥 가마니가 되라고요?

그럼 슬그머니나라를 어떻게 막아야 할까요? '공격이 최선의 방어'라는 말처럼 슬그머니나라가 쳐들어오기 전에, 꼬불꼬불나라가 슬그머니나라를 먼저 공격할까요? 그랬다가는 두 국가 모두 엄청난 피해가 생겨요. 전쟁으로 죽고 다치는 국민이 얼마나 생길지도 가늠할 수 없죠.

이럴 때는 전쟁보다 '외교'로 국가 간의 분쟁을 해결해야 해요.

수염왕은 전쟁을 막는 것이 가장 중요한 임무예요. 그런데 대사관은 참 다양한 일을 하는 곳이었어요. 상대 국가의 대표를 만나 외교만 하는 것이 아니라 자국(자기 국가) 국민을 안전하게 보호하는 역할도 하고, 자국에 가려는 주재국(외교관이 머무는 국가) 국민도 상대해

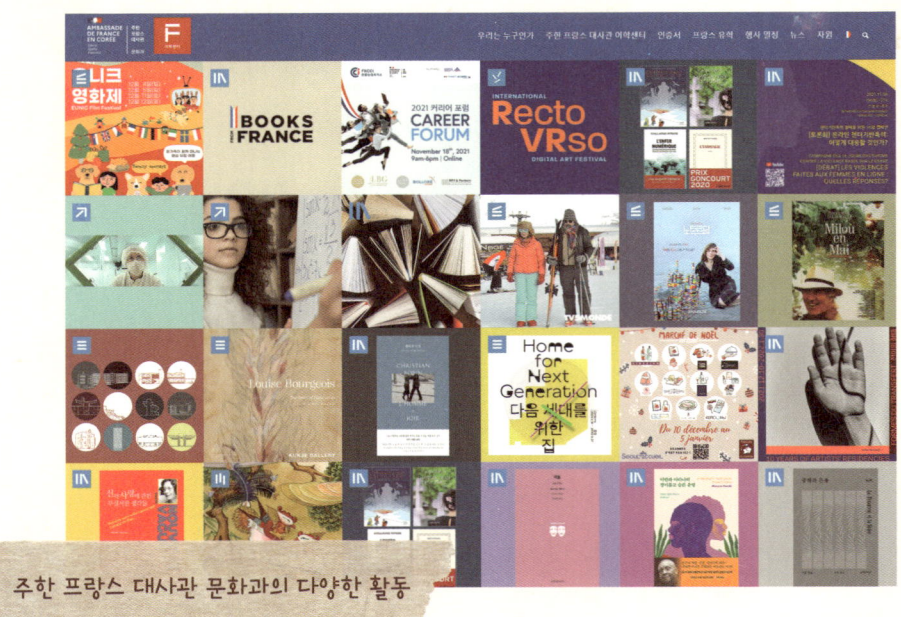

주한 프랑스 대사관 문화과의 다양한 활동

야 하거든요. 그뿐인가요? 자국의 문화와 기술, 산업과 기업들을 주재국 국민에게 홍보도 해야 해요. 주재국의 문화를 자국 국민에게 알리는 역할도 하죠.

선생님이 다니던 학교 근처에 프랑스 문화원이 있어요. 궁금해서 들어간 문화원에서 프랑스 영화를 봤고, 알아들을 순 없었지만 프랑스 영화에 관심이 생겼죠. 그 뒤 프랑스어 학과에 입학했고, 영화도 공부했어요. 가장 좋아하는 커피는 과테말라 커피예요. 과테

말라 상공회의소에서 하는 커피숍이 있기에 갔다가, 그 맛에 반했죠.

이처럼 국가 간의 외교는, 외교관이나 정치인이 정치·경제 문제만 다루는 게 아니에요. 세계 여러 나라의 문화를 소개하는 문화 외교도 있죠.

수염왕도 슬그머니나라 국민에게 꼬불꼬불나라를 알리려고 노력했어요. 사실 슬그머니나라 국민은 꼬불꼬불나라를 오해했어요. 꼬불꼬불나라가 슬그머니나라를 괴롭힌다고 낄낄왕이 국민을 속였거든요.

과연 수염왕은 외교로 전쟁을 막을 수 있을까요? 전쟁을 막을 만큼 외교의 힘이 셀까요?

자, 지금부터 수염왕의 외교 고군분투기를 소개할게요. 함께 지켜보며 응원하자고요!

서해경

목차

이 책을 읽는 어린이에게	4
등장인물	10
프롤로그	12

1/ 외교가 뭐야?   21
_ 외교의 세계는 냉정하지

2/ 국제기구가 뭐야?   43
_ 국제 연합 아동 기금, 칭찬하겠어

3/ 뭐? 슬그머니나라에 가라고?   65
_ 외교권을 빼앗은 이유

4/ 정보, 정보가 중요해!   85
_ 외교의 세계에서는 정보가 참 중요해

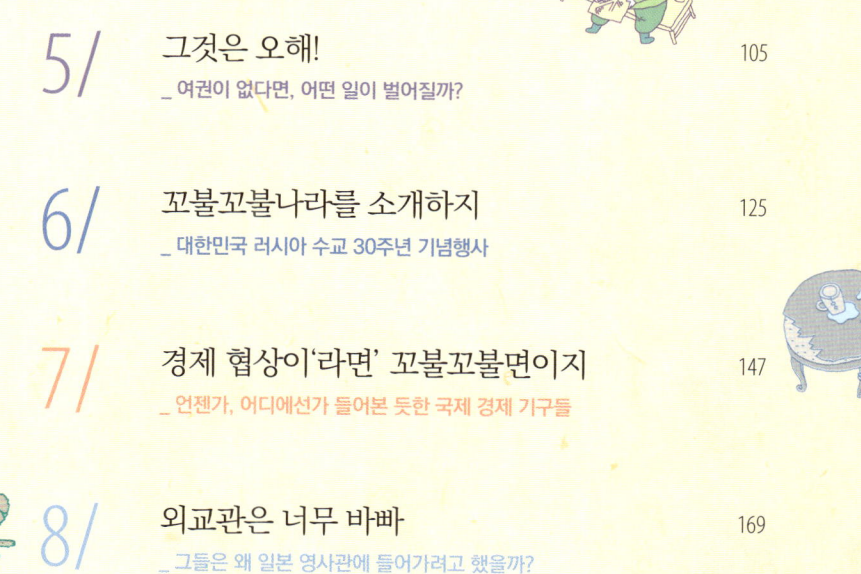

5/ 그것은 오해! 105
_ 여권이 없다면, 어떤 일이 벌어질까?

6/ 꼬불꼬불나라를 소개하지 125
_ 대한민국 러시아 수교 30주년 기념행사

7/ 경제 협상이'라면' 꼬불꼬불면이지 147
_ 언젠가, 어디에선가 들어본 듯한 국제 경제 기구들

8/ 외교관은 너무 바빠 169
_ 그들은 왜 일본 영사관에 들어가려고 했을까?

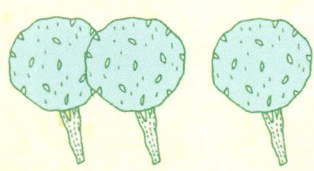

등장인물

꼬불꼬불나라

■ 멀고 먼 곳에, 먼 옛날일 수도, 가까운 요즘일 수도 있는 시기에 있던 나라. 대대로 팔자수염을 기른 왕이 다스렸다. 수염왕은 꼬불꼬불나라의 마지막 왕이다.

수염왕

■ 국민에게 쫓겨난 뒤, 꼬불꼬불면을 만들어 팔아 큰 부자가 된다. 심술과 호기심이 가득해서, 늘 사건과 사고를 몰고 다닌다. 하지만 언제나 꼬불꼬불나라를 사랑한다.

세바스찬

■ 수염왕이 다리 밑에서 만난 늙은 개. 수염왕이 감옥에 갔을 때도, 200시간 사회봉사를 하러 무지개 복지관에 갔을 때도 의리 있게 수염왕을 기다린다.

진우동

■ 꼬불꼬불나라의 외교관이자 수염왕의 보좌관. '무조건 전쟁이다!'를 외치는 수염왕을 설득하느라 고생이다. 외교관의 자세를 수염왕에게 가르치고 수염왕에게는 실전 외교를 배우며 실력 있는 외교관으로 성장한다.

흰머리

■ 수염왕 시절, 꼬불꼬불나라를 민주주의 국가로 만들려고 노력했다. 국민의 존경을 받아 큰대표(대통령)로 선출되었다. 흰머리가 국민에게 사랑받을수록 수염왕은 배가 아프다.

낄낄왕

■ 슬그머니나라 왕. '왕자의 학교'에 다닐 때부터 수염왕의 경쟁자였다. 수염왕 못지않은 최고의 심술쟁이. 꼬불꼬불나라를 호시탐탐 노린다.

깔깔

■ 낄낄왕의 사촌 여동생. 슬그머니 나라의 경제부 국장. 꼬불꼬불나라 명태잡이 어선을 가두그, 꼬불꼬불나라를 협박한다. 수염왕과 경제를 협상하며 낄낄왕만큼 무례하게 행동하지만 의외의 약점이 있다.

프롤로그

"안 돼!"

수염왕이 텔레비전을 향해 간절하게 오른손을 뻗었어.

수염왕은 텔레비전에서 「보물 찾아 삼만 리」라는 애니메이션을 보고 있었어. 주인공이 36일 동안 지하 45m까지 파 들어가서 화려하게 장식된 보물 상자를 찾았어. 드디어 보물 상자를 여는 순간, 갑자기 뉴스 속보로 화면이 바뀐 거야. 양복을 입은 진행자가 A4(에이포)사이즈 종이를 만지작거리며 심각한 표정을 지었어.

'오늘 오전 11시 42분, 슬그머니나라의 전투기가 우리 꼬불꼬불나라의 영공을 침입했습니다. 이 전투기는 우리 공군의 경고를 무시한 채, 영공을 비행하다 우리 전투기의 기총 사격을 받고 51분 만에 돌아갔습니다. 자세한 내용은 꼬불관에 나간 기자를 연결해서 알아보겠습니다.'

"알아볼 게 뭐가 있어? 우리 땅을 침범했는데, 가만히 있으면 진짜 '가마니'가 되는 거야. 국제 사회는 냉혹한 거라고."

수염왕이 앉은 채로 소파에서 방방 뛰어올랐어. 그러자 옆에서 낮잠을 자던 세바스찬이 슬그머니 일어나 소파에서 내려갔어. 그러곤 멀찍이 떨어져서 수염왕을 보며 입이 찢어지게 하품을 했지.

"내가 너의 단잠을 깨웠구나. 하지만 세바스찬, 비록 개일지라도 너는 꼬불꼬불나라의 개이니라. 그러니 애국심을 가지고 슬그머니나라의 침입에 분노하고, 애국심을 불태워야 하느니라."

수염왕은 세바스찬을 보며 근엄하게 말했어. 꼬불꼬불나라를 다스렸던 때로 되돌아간 것 같았지.

"게, 다, 가!"

수염왕이 소파에서 벌떡 일어나 소리쳤어.

"그 야비하고 못돼 먹은 낄낄왕을 생각하니, 온몸의 피가 거꾸로 솟는구나! 고 녀석의 얄미운 얼굴을 납작하게 눌러 줘야 해!"

낄낄왕은 슬그머니나라의 왕이야. 슬그머니나라는 꼬불꼬불나라 바로 옆에 있지. 수염왕은 민주 국가를 원하는 국민에게 쫓겨나 평범한 국민의 한 사람이 되었는데, 낄낄왕은 여전히 슬그머니나라의 왕이야. 그래서 수염왕은 배가 아파. 게다가 낄낄왕은 왕자의

학교에 다닐 때부터 수염왕의 경쟁자였어. 수염왕과 낄낄왕은 최고의 심술쟁이로 유명했어.

딩동.

초인종이 울렸어.

"누구지? 내 집에 올 사람이 없을 텐데……. 설마 어제 길거리에서 '인상이 참 좋으십니다. 도를 아십니까?'라며 귀찮게 따라온 그 여자가 찾아온 건 아니겠지?"

수염왕은 고개를 갸웃하며 마당으로 나가 대문을 열었어. 회색 정장을 입은 젊은 남자가 있었지. 그 뒤로 검은 승용차가 보였어.

"누구요?"

"저는 큰대표 비서실에서 나왔습니다. 수염왕께 중요한 전달 사항이 있습니다."

"중요한 전달 사항……? 내가 수염왕이야. 그러니 여기서 말해. 내 집에 들어올 생각은 말고."

수염왕은 큰대표가 얄미웠어. 큰대표는 대통령과 같아. 국민이 수염왕을 왕 자리에서 쫓아내고, 선거를 해서 흰머리를 큰대표로 뽑았거든.

"그럼 저쪽에서 말씀드리겠습니다. 자, 가시죠."

젊은 남자는 수염왕의 팔을 잡고, 승용차로 이끌었어. 얼떨결에 수염왕은 승용차에 올라탔어.

"넌 또 누구야?"

승용차엔 온누리가 있었어. 머리카락이 사방으로 뻗쳐서 고슴도치 같았지.

"큰대표 비서실장, 온누리입니다. 잘 지내셨습니까."

온누리가 환하게 웃으며 손을 내밀었어. 하지만 수염왕은 악수할 기분이 아니었어. 흰머리 큰대표도 아니고 겨우 비서실장 따위가 찾아오다니, 자존심이 상했지.

"수염왕께서 식품 회사를 차려서 좋은 식품을 만드시는 건 알고 있습니다. 역시 수염왕은 능력이 대단하십니다."

온누리가 환하게 웃었어.

"당연하지. 난 뭐든지 잘해, 뭐든지!"

수염왕의 팔자수염이 위로 휙 솟아올랐어.

"다행입니다. 그런데 오늘 뉴스 속보를 보셨나요? 슬그머니……."

"도대체 슬그머니나라가 우리 꼬불꼬불나라를 얼마나 우습게 봤

으면 그따위 짓을 하겠어? 이게 다 물러터진 큰대표 때문이야. 그 사람이 '허허허' 하고 웃기나 하니 이웃 나라들이 우습게 보는 거지!"

"아휴, 그럴 리가요. 세계 여러 나라의 수장들이 우리 큰대표를 얼마나 존경하고 신뢰하는데요. 이제 제가 수염왕을 뵈러 온 이유를 말씀드리겠습니다. 큰대표께선 수염왕이 꼬불꼬불나라를 위해 일해 주길 바라십니다. 수염왕이야말로 꼬불꼬불나라를 위기에서 구할 적임자라고 믿고 계시죠."

"응? 그, 그래? 큰대표 그 사람이 사람 볼 줄은 아는군. 하지만 난 큰대표 부하가 될 생각은 눈곱만큼도 없어. 나, 수염왕이야. 수염왕조의 마지막 왕, 꼬불꼬불나라와 황금성의 진정한 주인 수, 염, 왕!"

수염왕이 한 자 한 자 힘을 주어 말했어.

"수염왕이 비록 왕의 자리에서 물러나시긴 했지만, 여전히 꼬불꼬불나라의 주인입니다. 꼬불꼬불나라는 국민이 주인이니까요. 그리고 저는 수염왕이 누구보다 꼬불꼬불나라를 사랑하신다는 걸 압니다."

"시끄러워, 난 몰라! 황금성이라도 돌려주든가. 감히 우리 조상

대대로 살았던 황금성을 국립 박물관으로 만들어서 아무나 들어오게 했잖아."

"수염왕, 제가 비밀을 하나 알려 드리겠습니다. 저와 큰대표, 몇몇 사람만 아는 최고 등급의 기밀입니다."

"호? 그게 뭔데? 얼른 말해 줘. 난 진짜, 궁금한 건 못 참아."

수염왕이 몸이 달아, 온누리에게 바짝 다가가 앉았어.

"슬그머니나라의 낄낄왕을 잘 아시죠?"

"그럼, 그 얄미운 녀석을 모를 수가 있나. 낄낄왕이란 이름이 말이야, '낄 데 끼고 안 낄 데도 낀다.'라고 해서 붙여진 이름이라는 사실도 난 알지."

"하하하. 그렇습니까? 낄낄왕이란 이름이 그런 뜻이었군요. 전 웃음소리 때문인 줄 알았습니다. 그런데 제가 말씀드릴 비밀은 말이죠."

온누리가 고개를 젖히고 크게 웃다가 갑자기 정색을 하며 수염왕을 바라봤어.

"낄낄왕이 우리 나라를 공격하려는 것 같습니다. 황금성을 갖고 싶어 한다는군요."

"뭐야? 그 녀석 제정신이 아니군. 감히 내 황금성을 욕심내?"

수염왕이 흥분해서 자리에서 방방 뛰어올랐어. 머리가 차 천정에 쿵쿵 부딪혔지만 화가 치밀 대로 치밀어 아픈 줄도 몰랐지.

"그래서, 그래서 흰머리는 어떻게 한대? 설마 낄낄왕에게 황금성을 내주는 건 아니겠지?"

수염왕이 온누리의 멱살을 잡고 흔들며 다그쳤어. 낄낄왕의 그 경박한 웃음소리가 떠오르면서, 속이 바짝바짝 탔지.

"그럴 리가요. 큰대표는 누구에게도 황금성을 내주지 않을 겁니다. 그런 걱정은 마십시오."

"아, 이렇게 꼬불꼬불나라가 위기에 처했을 때 내가 왕이 아니라니……. 내가 아무것도 할 수 없다니, 이건 꼬불꼬불나라의 비극이야! 흑!"

수염왕은 두 손으로 양 뺨을 감싸며 고개를 저었어. 수염왕의 팔자수염이 축 처졌지.

"아닙니다. 수염왕의 역할이 있습니다, 그것도 아주 중요한!"

온누리가 수염왕을 보며 고개를 끄덕였어.

"무슨 역할……? 다시 왕이 되어 나라를 다스리라고?"

"에?"

온누리가 입을 벌린 채 펄쩍 뛰어올랐어. 이번엔 온누리의 머리

가 차 천정에 쿵 부딪쳤지. 천정이 낮은 차인 걸까?

"입 다물어, 파리 들어가. 농담이야."

수염왕이 말했어. 그러고는 한숨을 쉬었어.

"내가 할 역할이 뭐가 있어? 난 이제 왕이 아니잖아."

"아닙니다. 수염왕께서는 다른 나라 큰대표와 왕들을 잘 알고, 국제 사회가 어떤 곳인지도 잘 아실 겁니다."

온누리가 이마에 깊은 주름을 만들며 수염왕의 두 손을 잡았어.

"꼭 꼬불꼬불나라의 특사가 되어 주십시오. 외교로 꼬불꼬불나라를 지켜야 합니다. 수염왕만 하실 수 있습니다."

"그, 그렇지! 나만 할 수 있어. 그래, 난 꼬불꼬불나라의 수염왕이야!"

수염왕이 두 눈을 부릅뜨며 주먹을 꽉 쥐었어.

1
외교가 뭐야?
_외교의 세계는 냉정하지

"내 왕수염 회사 건물보다 작은걸."

수염왕이 외교부 건물 안을 둘러보며 중얼거렸어.

"안녕하십니까, 진우동입니다. 오늘부터 수염왕 특사님을 모시게 되었습니다. 열심히 특사님을 도와 꼬불꼬불나라와 국민을 위해 최선을 다하겠습니다."

진우동이 맞은편 복도에서 잰걸음으로 다가왔어.

"이렇게 심한 곱슬머리는 처음 보는군. 이렇게 빨간 볼도 처음 보고. 이렇게 작은 눈도 처음이야."

수염왕이 중얼거렸지.

"특사님, 외교부 장관께서 기다리십니다. 5분 뒤에 검은진주나라 대사를 만나야 해서 지금밖에 시간이 없답니다. 따라오세요. 제가 안내하겠습니다."

진우동이 잽싸게 복도를 요리 휙, 조리 휙 돌아서 복도 끝에 있는 사무실 앞으로 안내했어.

"호~ 덩치는 나랑 똑같은데, 아주 잽싸군. 마음에 들어."

수염왕이 진우동의 어깨를 톡톡 쳤어. 그리고 외교부 장관 사무실 문을 열었어. 장관 비서가 놀라서 막을 사이도 없이, 수염왕은 안쪽에 있는 문을 벌컥 열고 들어갔어.

"나, 수염왕이야. 궁금한 게 있어. 특사는 특별한 대사니까 당신보다 높지?"

수염왕이 대뜸 장보고 외교부 장관을 손가락으로 가리켰어.

진우동과 장관 비서가 사무실 안으로 쫓아 들어왔어. 진우동이 기겁을 하며 수염왕의 손가락을 두 손으로 가렸어.

"괜찮습니다. 수염왕 특사님과 둘이 얘기하겠습니다."

장보고가 웃으며 진우동과 비서에게 고개를 끄덕였어.

"외교부 장관 장보고입니다. 국제 연합(UN) 특사가 되어 주셔서 고맙습니다."

장보고가 눈을 반짝이며 손을 내밀었어.

"흥, 방은 멋지군."

수염왕이 장보고의 손을 툭 치고는 소파에 앉았어.

"왜 악수를 하는 풍습이 생겼는지 아시나요? 내 손에 무기가 없는 걸 보여 줘서, 상대방을 안심시키는 거죠."

"나, 도, 알, 아."

수염왕이 턱을 올렸어.

"장보고란 이름이 본명이야? 딸 이름을 장보고라 짓다니, 부모님이 별나군."

"부모님은 시장에서 청과물을 파셨어요. 그래서 장을 잘 보라는 의미로 제 이름을 장보고라 지으셨대요."

장보고가 미소 지었어. 하지만 곧 표정이 진지해졌어.

"낄낄왕이 우리 나라를 침략하려는 것 같습니다. 하지만 수염왕이 나서 주시니 아주 든든합니다."

"나만 믿어. 낄낄왕 따위는 내 상대가 안 돼. 그런데 나 뭐 하는 특사야?"

"유엔 특사입니다. 큰대표와 함께 유엔 총회에 참석하실 겁니다."

"총회 안건이 뭐지? 아냐, 그건 곱슬머리 사람에게 들을게. 아무래도 내가 바빠질 것 같으니까 그만 갈래. 장관, 열심히 일해."

수염왕이 장보고의 어깨를 두드려 격려하고 사무실을 나갔어.

"특사님, 장관님께 예의……."

진우동이 사무실 문 앞에서 안절부절못하다가, 수염왕을 보자마자 팔을 잡으며 속삭였어. 하지만 수염왕은 손을 들어 말을 막았어.

"장보고 장관, 마음에 들어. 솔직하더라고."

수염왕이 턱을 쑥 올리며 큰 소리로 말했어. 팔자수염 끝이 휙, 위로 올라갔어. 그러고는 진우동에게 속삭였어.

"내가 든든하대. 크크크. 좋아, 이제 나라를 구하러 가 볼까!"

수염왕이 앞장서서 장관실을 나섰어. 진우동이 멀뚱히 섰다가 곧 수염왕을 뒤따랐어.

"전쟁이야!"

수염왕이 사무실 밖으로 나오며 외쳤어.

"켁켁켁. 저, 전쟁이 났어요? 어느 나라가요?"

진우동은 딸기 맛 감기약을 삼키다가 사레들렸어. 작은 눈이 50원짜리 동전만큼 동그래졌지.

"어느 나라긴, 당연히 우리 나라랑 슬그머니나라지. 39초 전에, 슬그머니나라가 우리 영해에 미사일을 쐈잖아."

"지난번에는 우리 영공에 전투기를 보내더니, 낄낄왕이 이성을

잃은 것 같습니다."

"내 말이 그 말이야. 그 재수 없는 낄낄왕이 우리 꼬불꼬불나라를 노리는 마당에 그냥 있을 수는 없지. 옛말에 '최고의 방어는 공격'이라고 했어."

"그건 농구나 축구 같은 운동 경기에서 사용하는 말 아닙니까? 전쟁이라뇨. 나라 사이의 갈등은 외교로 푸는 것이 최고의 방어입니다."

진우동이 두 손을 맞잡고 간절하게 말했어. 하지만 수염왕은 고집스레 고개를 저었어.

"아냐. 우리도 슬그머니나라 수도에 무시무시한 미사일을 쏘아서 기를 확 죽여야 해. 그래야 낄낄왕이 우리 꼬불꼬불나라의 군사력이 센 줄 알고 전쟁을 포기하지. 당장 흰머리에게 가야겠어. 아냐, 국방부 장관을 만나야겠어."

"제발, 특사님. 진정하시고 제 말을 들어 주세요. 전쟁은 최악이에요. 절대 있어서는 안 되는 절대적인 비극이에요."

"자네는 정말 외교를 모르는구먼. 국제 사회란 말이지, 냉정한 거야. 어제의 동지가 오늘의 적이 되고, 오늘의 원수가 내일의 친구가 되는 곳이라고. 힘이 없으면 강한 나라에게 당할 수밖에 없어."

"그렇죠."

"그러니 까부는 나라는 혼쭐내서 다시는 만만히 보지 못하게 해야 한다고."

수염왕이 말했어.

"국제 사회가 냉정하다고 해서, '까부는 나라'와 전쟁을 하라는 건 아닐 겁니다."

"에? 내가 이렇게 친절하게 알려 줬는데도, 내 말에 반대라고? 그런 이해력으로 어떻게 외교부에 취직했어? 자네 낙하산이지?"

"네에? 낙하산이요?"

진우동은 너무 놀라서 이젠 눈이 튀어나올 것 같았어.

"아닙니다. 저는 외교학을 전공했고, 작년에 외교관 후보자 선발 시험에도 합격했습니다. 영어를 능숙하게 잘하고 중국어와 스페인어, 붉은꽃나라어도 잘합니다. 또 매일 국제 정세를 파악하기 위해 노력……."

"외무 고시에는 똑 떨어졌나 보구면."

"외무 고시는 없어졌습니다."

"그래? 아, 몰라. 일단 전쟁이야. 슬그머니나라는 저번엔 영공, 이번엔 영해를 침범했어. 곧 우리 나라의 영토를 침범할 거야. 내

감을 믿으라고!"

"특사님, 사람이 혼자 살 수 없듯이 국가도 마찬가지입니다."

진우동이 말했어.

"뭐야, 그 진지한 목소리는?"

"설사 슬그머니나라가 우리 나라를 침략하려 해도, 국제 사회가 그냥 두고 보지 않을 겁니다. 슬그머니나라가 세계 평화를 깨는 거니까요."

"오늘은 내가 첫 출근한 날이니까, 특별히 한 번만 더 설명할게. 잘 들어. 꼬불꼬불나라에서 법을 어기면 벌을 받아. 경찰이 범인을 잡고 법원에서 재판을 하겠지. 하지만 말이야, 국제 사회에서 나쁜 짓을 하는 나라가 있어도 그 죄를 묻고 심판할 사람이나 나라는 없잖아."

"그렇죠."

진우동이 고개를 끄덕였어.

"그러니 스스로 자기 나라를 지켜야 하는 거야."

"와우! 멋진 말씀이십니다. 그런데 나라를 지키는 방법이 전쟁만 있는 것은 아닙니다. 외교로도 지킬 수 있어요. 저는 특사님이 외교로 꼬불꼬불나라를 지켜 주실 거라 믿습니다."

"강한 군사력으로 꽉 눌러 줘야지, 외교로 뭘 한다는 건지, 참."
"슬그머니나라가 전쟁을 일으키지 못하게 대화로 설득하고 타협

해야죠. 또 다른 나라들에게 전쟁을 막아 달라 설득하고요."

"그래도 슬그머니나라의 낄낄왕이 전쟁을 일으키면 어떡해?"

"그것을 대비해서, 전쟁이 일어났을 때 우리 나라를 도울 동맹국을 만들어야죠. 다른 나라들이 슬그머니나라를 돕지 못하게 막고요."

"그게 외교야? 그런데 다른 나라들이 안 도우면……?"

"어느 나라나 다, 자기 나라의 이익을 제일 중요하게 생각합니다. 그래서 무작정 도와 달라고 하면 돕는 나라는 별로 없을 겁니다. 우리 나라를 도우면 자기 나라에도 도움이 된다는 것을 설득하는 것이 외교의 힘입니다."

"오호! 그건 마치, 소비자에게 상품을 파는 것과 같구먼. 소비자에게 필요한 상품을 만들어서 팔고 돈을 버는 거지."

"소비자, 상품이요?"

"그래. 상대방에게 뭐가 필요한지 잘 파악해서, '내가 네게 필요한 걸 줄 테니 너도 내가 필요한 걸 줘라.'라고 말하는 거잖아?"

"아, 네. 정확한 비유입니다."

"나, 왕수염 회사의 사장이야. 크크큭, 외교도 꽤 재밌겠어. 나, 외교할래."

수염왕이 팔자수염을 손가락으로 튕기며 자신의 집무실로 들어갔어.

"어휴, 이를 어찌한담. 앞날이 힘들 것만 같은 불길한 예감이 마구마구 몰려온다."

진우동은 한숨을 내쉬고는, 수염왕을 따라갔지.

외교란 무엇인가요?

친구들, 타잔이 왜 고릴라들과 살게 되었는지 아니? 그렇지. 타잔의 부모가 탄 배의 선원들이 폭동을 일으켰지. 선원들은 타잔의 부모를 아프리카 밀림에 내려 줬고. 그때 타잔은 엄마 배 속에 있었지. 하지만 엄마가 타잔을 낳다가 죽고, 아빠마저 사나운 치타에게 목숨을 잃어. 타잔은 암컷 고릴라에게 구출되어서 고릴라들과 함께 살게 된 거지.

타잔은 고릴라처럼 행동했어. 사람의 말과 행동을 배우지 못했으니까. 그런데 타잔의 부모가 있던 곳에 사람들이 살았다면 어떻게 됐을까? 타잔

의 부모를 도와줄 수도 있어. 그래서 타잔의 부모가 죽지 않고 타잔과 함께 살았을지도 모르지. 타잔 역시 보통 사람처럼 살았을 거야.

사람이 혼자 살 수 있을까? 살더라도 타잔처럼 평범한 사람과 다를 수밖에 없어. 국가도 마찬가지야. 대한민국 인구가 약 5,163만 명이나 되니까, 우리끼리도 잘 살 수 있을 거라고? 음, 다시 곰곰이 생각해 보자.

우리가 입은 옷 중에 면으로 만든 옷이 있어. 면은 목화의 열매에서 나오는 솜으로 만들지. 친구들도 잘 알다시피, 목화는 고려 시대의 사신 문익점이 중국의 목화씨를 숨겨 와서 고려 땅에 심어서 널리 퍼뜨린 거야. 덕분에 따뜻한 솜이불을 덮고, 면으로 옷을 만들었어. 또 추운 겨울 난방을 할 때, 도시가스와 석유를 쓰지? 자동차, 비행기, 배 등도 석유를 태워서 움직이고. 하지만 대한민국은 석유, 천연가스가 나지 않아. 다 다른 국가에서 수입하지.

그러니까 대한민국 국민끼리만 산다면, 소가 끄는 수레나 말을 타고 다니거나 걸어 다녀야 할 거야. 또, 나무나 석탄을 태워서 난방을 해야겠지. 다른 국가에서 만든 게임도 할 수 없고 책을 읽을 수도 없어. 약을 만든 재료 중에도 다른 국가에서 생산되는 게 많아. 재료가 없으면 제대로 약을 만들 수 없지. 외국 음식도 먹을 수 없어. 물론 내 책상 위에 놓인 휴대폰도 만들 수 없고.

평택항 수출선적부두의 밤 풍경

그리고 힘센 국가가 쳐들어오면 어쩌지? 대한민국은 과거에 일본, 중국 등 여러 국가의 침략을 받았어. 그때마다 다른 국가들이 대한민국을 도왔어. 대한민국도 다른 국가들을 도와주었고 말이야.

어때? 국가도 혼자 있는 것보다는 다른 국가들과 함께 지내는 게 좋겠지? 서로 돕고 함께 어려운 문제에 대해 대화하면서 협상해. 문제를 함께 해결하지. 우리가 친구나 형제와 서로 양보하고 경쟁하듯, 국가들도 서로 양보하고 경쟁해. 상품을 사고팔기도 하고, 음악과 미술, 스포츠를 함께 즐기기도 해. 이렇게 다른 국가들과 함께 하는 여러 활동을 외교라고 해.

> 수염왕이 진우동에게 어떻게 외교관이 되었냐고 물었어요.
> 저도 외교관이 되는 방법이 궁금해요.

다른 국가와 대화, 협상, 타협하고 서로 돕는 활동이 외교라고 했지? 그럼 누가 외교를 할까? 예를 들어, 대한민국과 인도네시아가 외교를 한다면 대한민국 국민 전체가 인도네시아 국민 전체를 만날까? 윽, 그건 무리지. 국가를 대표해서 외교 활동을 하는 사람이 있어. 외교관이지. 외교관은 외교부에 속한 공무원이야. 외교부는 행정부 중에 외교를 담당하는 부서지.

외교부 책임자는 외교부 장관이지만, 그 국가의 외교를 책임지는 사람은 대통령이야. 외교부를 포함한 행정부 전체의 책임자가 대통령이니까.

그런데 외교관은 외국에서만 일할까? 아니야. 자기 나라 외교부에서 근무하기도 해. 그리고 외교관이 아니어도, 외교부에서 일하는 공무원이 많아. 맞아, 외교관은 경찰관, 소방관, 행정 복지 센터 직원, 여러 행정 기관에서 일하는 공무원과 같아.

그럼 어떻게 해야 외교관이 될까? 외교관이 되는 방법은 외교관 후보자 선발시험에 합격해야 해. 합격한 사람은 국립 외교원에서 1년간 공부

국립 외교원 전경

하면서 외교 업무를 배우지. 하지만 국립 외교원에 다닌다고 해서 모두가 외교관이 되는 건 아니야. 성적이 너무 낮으면 곤란하지. 외교관이 되는 다른 방법도 있어. 외무 영사직 공무원 시험에 합격하는 거야. 가끔 외교부에서 특채로 외교관을 뽑기도 해. 직업이 외교관은 아니라도, 특별한 임무를 맡기고 외국에 보내는 사절이 있어. 그런 외교관을 특사라고 해. 특사는 활동하는 기간이 짧아. 그래, 수염왕이 특사지.

    외교관은 무엇을 잘해야 할까? 국가를 대표해서 외국인과 말을 하니까 외국어를 잘해야겠지? 세계에서 공통으로 사용하는 영어는 기본이고, 다른 외국어도 자유롭게 말하고 듣고 읽고 쓸 수 있으면 좋아. 2005년 경제 협력 개발 기구(OECD)가 대한민국 정부에 '대한민국 외교관이 영어를 잘하지 못해서 문제'라는 문서를 보냈어. 윽, 망신이지.

　외교관은 외국어뿐 아니라, 자기가 상대하는 국가의 사정도 잘 알아야 해. 대한민국에 온 외국 외교관이 '독도는 일본 땅'이라고 말하면 어떨까? 대한민국 국민 전체가 그 외교관의 말에 분노하고, 그 외교관은 제대로 외교 활동을 할 수도 없을 거야. 두 국가의 사이도 나빠지겠지. 상대방과 대화하고 설득하려면 논리적으로 설득하는 능력도 좋아야겠지? 무작정 우기거나, 자기 나라가 더 힘이 세니까 자기 말에 따르라고 위협하는 건 좋은 외교가 아니야. 또 정치, 경제, 문화, 사회 등 여러 분야에 대해서도 잘 알아야 해. 외교관은 아주 다양한 일을 하거든. 외교관이 어떤 일을 하는지 지금부터 알아보자.

수염왕의 외교 노트

어느 국가도 혼자 살 수 없다. 국가들은 서로 밀접하게 연결된다.
외교는 다른 국가와 대화, 협상, 타협하고 서로 돕는 활동이다.
외교관은 국가를 대표해서 외교를 하는 사람이다.
(이왕 외교를 할 바엔, 외교 책임자인 큰대표가 되고 싶다!)

외교의 세계는 냉정하지

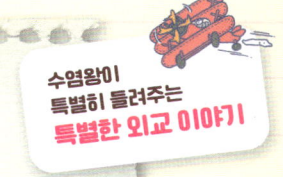

장보고 장관이 내게 특사로 활동하기 전에 외교 공부를 하라네. 참나. 나, 수염왕이야. 외교의 신 수염왕! 내가 외교에 관한 지식이 얼마나 풍부한지 지금부터 하나씩 알려 주겠어!

첫 이야기는 대한민국과 대만의 외교 역사야. 대한민국이 세워지기 전에는 조선이라는 국가였어. 비슷한 시기에 중국은 청나라였고. 조선과 청나라를 일본과 유럽 여러 국가가 빼앗으려고 야단이었어. 결국은 조선은 일본의 식민지가 되었어. 청나라 사람들은 무기력한 청나라를 무너뜨리고 국민이 주인인 중화민국(중국)을 세웠어. 조선은 중화민국에 대한민국 임시 정부를 세우고 독립을 위해 일본과 싸웠지. 중화민국과 대한민국 임시 정부는 공동의 적인 일본과 싸웠어. 그사이에 중국 공산당이 생겼어.

결국 일본이 전쟁에서 지고 대한민국은 독립했어. 중국에서도 일본이 물러났지. 그러자 중화민국 정부와 공산당이 정권을 차지하려고 싸웠어.

1948년 대한민국 역사상 최초로 국교를 맺었어. 그 국가가 바로 중화민국이야. 그런데 중화민국은 공산당과의 싸움에서 지고, 타이완섬으로

대만 가오슝시의 아름다운 연지담 모습

피했어. 그 중화민국이 대만, 혹은 타이완이라 불리는 국가야. 중국 공산당은 중국을 차지하고 중화 인민 공화국을 세웠어. 지금의 중국이지.

　대만과 중화 인민 공화국은 서로 자기가 정통 중국이라고 주장했어. 하지만 대한민국은 대만과의 오랜 인연이 있었고, 공산당에 반대했기 때문에 대만을 중국으로 인정했어. 중화 인민 공화국은 중공이라고 불렀지. 다른 자유 민주주의 국가들도 마찬가지였어. 대만은 유엔 상임 이사국이 되었고, 중화 인민 공화국은 유엔에 가입할 수도 없었어. 중국이라는 이름으로 두 개의 국가가 있을 수 없잖아.

그 뒤 시간이 지나 중화 인민 공화국의 힘이 점점 세졌어. 중화 인민 공화국을 인정하지 않았던 자유 민주주의 국가들의 태도도 변했어. 대만과 국교를 끊고, 중화 인민 공화국과 수교하는 국가가 점점 늘었지. 중화 인민 공화국은 세계 무대에서 활발하게 활동했고, 점점 더 중요한 국가로 인정받았어. 결국 1971년 중화 인민 공화국이 유엔에 가입하고 대만 대신 유엔 상임 이사국이 되었어. 중화 인민 공화국이 중국의 정통 국가로 인정받은 거야. 중화 인민 공화국은 대만을 외교 세계에서 고립시키려고 했어. 대만은 항의하며 유엔을 탈퇴해 버렸어.

대한민국은 공산 국가와 수교를 하지 않았기에 대만과 국교를 유지해 왔어. 하지만 1992년 대한민국도 중화 인민 공화국을 정통 중국으로 인정했고 대만과 국교를 끊었어. 대만은 대한민국의 행동에 충격을 받고 대한민국을 배신자라 항의했지. 하지만 외교는 자기 나라의 이익이 가장 중요하기 때문에 어쩔 수 없지 뭐. 대만 역시 현실적으로는 대한민국과 좋은 관계를 유지하는 게 이익이기에 지금 대한민국과 밀접한 관계를 유지하고 있어. 그래서 두 국가는 서로의 수도에 대표부를 설치해서 외교를 계속하고 있어. 대한민국 서울에는 대만 대표부, 대만의 수도 타이베이에는 대한민국 대표부가 있지.

2 국제기구가 뭐야?

_국제 연합 아동 기금, 칭찬하겠어

"특사님은 이 자리에 앉으시면 됩니다."

진우동이 의자를 가리켰어. 여기는 유엔 총회가 열리는 회의장이야.

"왕이었을 때는 유엔 총회에 오는 게 참 귀찮았는데, 지금은 감격스럽군."

수염왕이 팔자수염 끝을 잡아 동그랗게 말아 올렸어.

"길고긴나라의 세로줄 왕은 여전하군. 미국이랑 프랑스 큰대표는 그사이에 바뀌었네. 처음 보는 얼굴이야."

수염왕이 회의장을 둘러보며 중얼거렸어.

"엥? 뭐야, 뭐야. 이게 뭐야? 여긴 뒷줄이잖아!"

수염왕이 자리에서 펄쩍 뛰어올랐어. 큰대표와 왕들은 자기 나라 이름표가 있는 자리의 맨 앞에 앉았더라고. 꼬불꼬불나라 이름

표가 놓인 앞자리에는 흰머리 큰대표와 장보고 외교부 장관, 꼬불관 안보실장이 앉았지. 그리고 뒷줄에 유엔 대표부 대사와 수염왕이 앉았어.

"심지어 하나, 둘, 셋, 넷, 다섯, 난 다섯 번째 자리에 앉았잖아. 특사라더니, 특별한 임무를 맡은 중요하고 소중한 외교관이라더니 이렇게 날 무시해?"

수염왕이 볼이 씰룩였어.

"오랜만이에요, 수염왕. 여전히 건강해 보이네요."

붉은꽃나라의 장미꽃 여왕이 수염왕 옆을 지나다, 살짝 고개를 숙였어. 두 사람은 '왕좌의 모임' 회원이었어, 수염왕은 왕의 자리에서 쫓겨난 뒤엔 '왕좌의 모임'에 나갈 수 없었지만.

"안녕하십니까? 유엔 특사가 되셨다더니 여기에서 뵙는군요."

길고긴나라의 외교부 장관도 수염왕에게 다가와 손을 내밀었어.

'건방진 녀석, 내가 왕이었을 때는 눈도 못 맞추던 녀석이 감히 악수하자고?'

수염왕은 흰머리가 얄미워졌어. 유엔 총회에 같이 가자고 한 이유가 혹시 자신을 망신 주려던 것은 아닐까, 의심스럽기까지 했어. 수염왕은 두 손으로 수염왕의 상징인 팔자수염을 살짝 가렸어.

어느덧 총회가 시작되고, 흰머리가 유엔 총회 연단에 섰어. 흰머리는 슬그머니나라가 계속 꼬불꼬불나라의 영공과 영해를 침범하고 있으며, 이런 행동은 세계 평화를 위협하는 일이라고 연설했지.

"아하하함, 지루해. 흰머리는 다 싫은데, 저 지루한 말투가 특히 싫어! 그냥 여길 나가야겠어."

수염왕은 살그머니 일어나서 잽싸게 의자 사이의 통로를 지나 회의장 밖으로 나왔어.

"왜 나오셨어요?"

복도에서 기다리던 진우동이 수염왕에게 달려와서 속삭였어.

"화장실이 급해."

"네에? 중요한 회의나 협상을 할 때 화장실에 가지 않는 것도 외교관의 실력입니다. 회의나 협상의 흐름이 깨지니까요."

"뭐? 나더러 똥을 참으라는 거야? 몸이 시키는 대로 똥, 오줌을 누는 건 모든 동물의 권리야! 다 먹고 살자고 하는 일인데, 똥을 참으라니 참 인정머리도 없군."

수염왕은 화장실에 가는 길에 복도에 걸린 그림도 구경하고, 창밖에 진을 친 세계 각국에서 온 기자들도 내다봤어.

"슬그머니나라가 수상해요."

"슬그머니나라만 그런 게 아닌 것 같은데요."

'뭐야, 이게 무슨 소리야?'

수염왕이 화장실 변기에 앉아 있는데 말소리가 들렸어. 문을 살짝 열어서 밖을 살폈어.

'저 녀석은 장보고 장관을 만나러 왔던 검은진주나라의 대사잖아. 그런데 그 옆에 녀석은 처음 보는군. 저 둘이 무슨 소리를 하는 거지?'

수염왕이 귀를 기울였어.

"무슨 말입니까? 수상한 나라들이 더 있다는 겁니까?"

"낄낄왕은 겉으로는 큰소리를 치지만 실제로는 겁이 많다고 합니다. 그런 분이 꼬불꼬불나라를 자극하는 게 이상하지 않습니까? 그래서 제가 알아봤는데……."

처음 보는 남자가 검은진주나라 대사에게 소곤댔어.

"낄낄왕 뒤에 오대국과 반짝별나라가 있다더군요."

"그게 사실입니까? 그럼 그 세 나라가 힘을 합쳐서 꼬불꼬불나라를 침략할 거란 말입니까?"

'뭐야? 그놈들이 우리 나라를 집어삼키려고 작당을 했단 말이

야? 이런 사악한 놈들을 봤나!'

수염왕은 이를 부득부득 갈았어. 하지만 정보를 더 얻고 싶어서 꾹 참았지. 수염왕은 깊게 숨을 들이마셨다가 내뱉었어. 그리고 다시 귀를 쫑긋 세워서 두 사람의 대화를 엿들었어.

"오대국이야 무기를 팔 욕심 때문에 그런다지만, 반짝별나라의 왕은 꼬불꼬불나라 수염왕과 왕자의 학교 친구잖아요."

"그건 낄낄왕도 마찬가지죠. 우정보다 자기 나라의 이익이 더 중요하고요."

대화를 나누던 두 사람이 화장실 밖으로 나갔어.

"금동이가 낄낄왕이랑 한패라고?"

수염왕이 화장실 밖으로 나오며 중얼거렸어.

"열두 살 때, 내가 발을 걸어서 금동이가 계단에서 굴러떨어진 적이 있지. 이가 두 개인가, 세 개가 부러졌고……. 혹시 그 일을 복수하려는 걸까? 설마! 그 녀석이 내 의자를 뒤로 빼는 바람에 나도 엉덩이뼈에 금이 갔잖아!"

수염왕이 고개를 저었어.

"그나저나 저렇게 서로 정보를 주고받는구먼. 좋아, 내가 몽땅 알아내 주겠어."

수염왕은 발끝을 세워 살금살금 복도를 돌아다녔어. 그러다 사람 목소리가 들리면 후다닥 숨어서 귀를 쫑긋 세웠지.

"오호, 뭔가 중요한 정보를 또 얻을 것 같군."

수염왕이 복도 모퉁이를 돌려다 말고 급하게 몸을 숨겼어. 복도에서 말소리가 들렸거든.

수염왕은 눈만 살짝 내밀어서, 목소리의 주인을 훑어봤어.

'저 검은진주나라 대사는 수다쟁이구먼. 저런 녀석 때문에 소문이 사방으로 퍼지는 거지.'

좀 전에 본 검은진주나라 대사가 남색 양복을 입은 남자랑 대화를 나누고 있었어.

"슬그머니나라가 전쟁을 준비하는 건 확실한 것 같습니다. 오대국에서 무기를 지원한답니다."

"아! 그래서 오대국 큰대표가 슬그머니나라를 두 번이나 방문했군요."

"다른 이야기도 있습니다."

검은진주나라 대사가 주위를 살피더니, 남색 양복을 입은 남자에게 바짝 다가갔어.

"반짝별나라도…… 했답니다. 그 이유는…… 라죠."

"그렇군요. 그런데 슬그머니나라가 전쟁을 하려는 이유가 뭘까요? 전쟁은 두 나라 모두에게 엄청난 피해를 주지 않습니까?"

"슬그머니나라 국민이…… 하니까요."

"아! 낄낄왕은 전쟁을 일으켜서 국민의 관심을 전쟁으로 돌리려는 거군요. 그래야 계속 왕의 자리에 있을 수 있으니까요."

"그래도 전쟁이라니, 두 나라 국민이 안쓰럽습니다."

'에잇! 목소리가 너무 작아서 제일 중요한 내용은 안 들리잖아.'

수염왕은 속이 탔어.

"특사님, 여기에서 뭘 하세요?"

진우동이 수염왕의 등을 살짝 건드렸어.

"쉿, 난 지금 아주 중요한 외교 활동 중이야. 누가 우리 적인지 알아냈지."

수염왕이 집게손가락을 세워 입에 댔어.

"쉿, 그런데 무슨 외교 활동을 벽에 찰싹 달라붙어서 하나요?"

진우동도 덩달아 검지를 입에 댄 채 수염왕 옆에 나란히 섰어. 하지만 수염왕은 두 사람의 말을 듣느라, 대답할 정신이 없었어.

"만만하다고? 우리가 만만하다고!"

수염왕이 두 사람의 말소리를 엿듣다가 소리를 지르는 바람에 진우동이 움찔 뒤로 물러났어. 대화하던 두 사람도 깜짝 놀라서, 서둘러 반대쪽으로 사라졌어.

수염왕은 벌게진 얼굴로 성큼성큼 유엔 총회 회의장으로 향했어. 진우동도 뒤따라갔지.

"우리가 만만하다고? 만만하다고? 우리는 나라가 위기에 처하면, 남녀노소를 가리지 않고 적과 싸우는 용감한 국민이야!"

> 수염왕이 유엔 총회에 참석했어요. 유엔은 많이 들어 봤지만, 어떤 역할을 하는 곳인지는 잘 모르겠어요.

여러 국가가 함께 지내다 보면, 사이가 좋을 때도 있고 싸울 때도 있어. 국가들이 싸울 때, 특히 외교가 필요해. 서로 대화를 하면서 조금씩 양보하고 타협해야 하지. 그런데 타협하지 않으면 어쩌지? 전쟁을 한다면 말이야.

1914년 세르비아 왕국 사람이 오스트리아-헝가리 제국의 황태자 부부를 살해했어. 이 사건 때문에 두 국가는 전쟁을 시작했지. 그러자 두 국가의 동맹국들도 전쟁에 뛰어들었어. 전쟁은 점점 커져서 유럽 전체와 미국, 러시아, 일본, 중국까지 전쟁에 참여했어. 이 전쟁이 제1차 세계 대전이야. 이 전쟁으로 무려 900만여 명이 목숨을 잃었어.

사람들은 이런 무시무시한 전쟁이 다시는 일어나선 안 된다고 깨달았어. 전쟁이 일어나기 전에 국가들이 대화해서 타협해야 한다고 말이야. 그런데도 전쟁을 시작하는 국가가 있다면 어쩌지? 형제끼리 싸우면, 부모님이 나서서 싸움을 중재하지? 국가 간의 싸움도 누군가 중간에서 화해시켜 주면 좋겠지. 그래서 제1차 세계 대전이 끝난 뒤, 세계 여러 국가가 모

제2차 세계 대전 때 폐허가 된 독일의 쾰른 지역
(1945. 4.)

여 국제 연맹을 만들었어.

하지만 1939년 독일이 제2차 세계 대전을 일으켰어. 1945년까지 전쟁이 계속되었지. 국제 연맹은 강제력이 없어서 독일을 막을 수 없었던 거야. 그래서 제2차 세계 대전이 끝난 뒤에 국가들이 다시 모여, 더 힘이 센 국제 연합(UN)을 만들었어. 대한민국 외교부는 유엔을 '전쟁을 방지하고 평화를 유지하며 정치, 경제, 사회, 문화 등 모든 분야에서 국제 협력을 증진하는 역할을 하는 국제기구'라고 소개해.

수염왕이 참석한 유엔 총회는 가입한 국가가 모두 참석해. 평화롭고 안전한 세계를 만들기 위해 의논하고 해결 방법을 찾지. 유엔 총회는 유엔 본부에서 열리는데, 미국 뉴욕에 있어. 국제 연맹과 달리, 유엔에는 평화 유지군이 있어. 유엔 평화 유지군은 유엔이 뽑은 병사가 아니라, 가입국이 자발적으로 보낸 병사들이야. 직접 전투하기보다는, 전쟁이 일어날 위험이 있거나 이미 전쟁이 끝난 곳에 가서 평화를 유지하지. 유엔 평화 유지군은 1988년 노벨 평화상을 받았어.

세계는 전쟁뿐 아니라 경제, 문화, 환경 등도 서로 영향을 주고받아. 몽골, 중국의 황사가 대한민국에 날아오고, 일본 후쿠시마 원자력 발전소에서 흘러나온 방사성 물질이 대한민국 바닷물도 오염시키지. 산유국이 석유 가격을 올리면, 대한민국도 석유 가격이 오르지. 그리고 대한민국의 가요, 게임, 영화, 음식 등이 세계로 퍼져 나가. 대한민국에서도 다른 국가의 다양한 문화를 접할 수 있잖아.

이렇게 세계 여러 국가는 서로 영향을 주고받기 때문에, 문제가 생기면 함께 해결해야 해. 그래서 세계에서 발생하는 여러 문제를 함께 의논하고 해결하는 국제기구가 필요하지.

그럼 유엔 총회에서 세계의 모든 문제를 논의하나요? 모든 문제를 결정하려면 아주 바쁘겠어요.

전 세계가 한 마을처럼 가까워져서 '지구촌'이라 하지? 우리 마을에 눈이 오면, 마을 사람들이 자기 집 앞의 눈을 쓸어서 길이 미끄럽지 않게 해. 쓰레기는 분리수거해서 정해진 장소, 정해진 시간에 버리지. 마을 사람이나 다른 집에 피해를 주는 사람을 경찰이나 관공서에 신고해서 문제를 해결하기도 해.

국가들도 마찬가지야. 다른 국가에 피해를 주는 국가는 국제기구에 신고하지.

유엔 역시 다양한 문제를 해결하지만, 친구들이 추측한 대로, 유엔 총회에서 모든 국제 문제를 토론하고 해결하기는 어려워. 총회에 참석하는 사람들은 자기 나라에서도 할 일이 많으니까. 그래서 유엔은 여섯 기구로 역할을 나누었어.

유엔 총회가 있고, 유엔의 여러 일을 처리하는 사무국이 있어. 사무국에서 가장 높은 사람이 유엔 사무총장이야. 제8대 유엔 사무총장이 대한민국 반기문 총장이야.

　국제 평화와 안전을 유지하는 안전 보장 이사회도 있어. 미국, 중국, 영국, 러시아, 프랑스가 상임 이사국이야. 그리고 2년마다 비상임 이사국으로 열 국가를 뽑아. 이렇게 열다섯 이사국이 세계 평화를 위협하는 문제에 대해 의논하고 결정해. 안전 보장 이사회는 대한민국과 인연이 깊어. 1950년 북한이 대한민국을 침범한 한국 전쟁이 벌어졌어. 유엔 안전 보장 이사회는 국제 연합군을 만들어서 대한민국을 도왔지.

　유엔에는 국제 사법 재판소도 있어. 네덜란드 헤이그에 본부가 있지. 국가 간에 다툼이 있을 때, 국제법에 따라 재판을 해. 그런데 국제법이란 법은 사실 없어. 국가 간에 맺은 조약(약속), 국제 관습, 법의 일반 원칙을

유엔기

국제법으로 인정하는 거지. 법의 일반 원칙은 여러 국가의 법에서 공통으로 인정하는 원칙이야. 예를 들면, 법을 어겨서 다른 사람에게 피해를 주면 그 피해에 대해 보상해야 해. 이 원칙을 국제법으로 바꾸면, 다른 국가에 피해를 준 국가는 그 피해를 보상해야 하지.

신탁 통치 이사회도 있어. 신탁 통치는 어떤 국가가 다른 국가를 대신해서 통치하는 거야. 그런데 1994년부터 신탁 통치를 받는 국가가 없어서 지금은 역할이 정지되어 있지. 대한민국도 일본의 지배를 받다가 해방이 된 뒤, 신탁 통치를 받을 뻔했어. 하지만 대한민국 국민은 하루라도 빨리 독립 국가를 세우고 싶었어. 그래서 신탁 통치를 반대했지.

유엔에는 경제 사회 이사회도 있어. 경제, 문화, 사회, 인도적 활동 등을 관리해. 그런데 워낙 다양한 분야를 맡기 때문에 그 안에 각 분야를 담당하는 기구들이 또 있지. 국제 연합 아동 기금(UNICEF, 유니세프), 국제 노동 기구(ILO), 세계 보건 기구(WHO), 국제 난민 기구(UNHCR), 국제 연합 식량 농업 기구(FAO) 등이야.

수염왕의 환경 노트

국제기구는 주권 국가들이 같은 목적을 협의하기 위해 만든 조직이다.
국제 연합(UN)은 대표적인 국제기구다.
국제 연합은 제2차 세계 대전 뒤, 국제 평화를 지키기 위해 만들었다.
(외교를 잘하려면 잘 들어야 해. 덕분에 슬그머니나라의 계획을 알아냈잖아. 누가? 내가!)

국제 연합 아동 기금, 칭찬하겠어

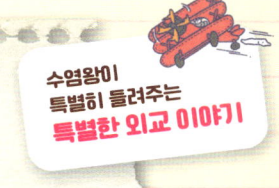

진우동이 『집으로 가는 길』이란 책을 추천하기에 휘리릭 읽었어. 여러분은 눈치가 빠를 테니, 내가 무슨 말을 하려는지 짐작할 거야. 그렇지. 이 책을 소개할 거야. 왜냐고? 내가 특사로 갈 유엔 밑에 유엔 경제 사회 이사회가 있고, 그 밑에 국제 연합 아동 기금(유니세프)이 있어. 그런데 그 책에 유니세프의 활동이 나오는 거야. 난 책을 읽다 아는 내용이 나오면 우쭐해지거든.

아무튼, 지금부터 『집으로 가는 길』을 소개할래. 이 책은 진짜로 있었던 일을 기록한 거야. 배경은 아프리카 서쪽 해안에 위치한 '시에라리온'인데, 슬그머니나라처럼 다이아몬드가 많이 나는 국가야. 슬그머니나라처럼 국민은 아주 가난하지. 다이아몬드를 차지하려는 사람들이 군대를 만들어서 정부를 공격하기 때문이야. 이런 군대를 반군이라고 해.

시에라리온에 이스마엘이란 12세 남자아이가 살았어. 이스마엘은 친구들과 이웃 마을에서 열리는 장기자랑 대회에 나가 랩과 힙합 댄스를 선

보일 계획이었지. 그런데 가는 도중에, 반군이 자기 마을을 습격했다는 소문을 들어. 반군은 가는 곳마다 잔인하게 사람들을 죽이고 마을에 불을 질렀어. 아이들의 가족도 죽었는지 살았는지 알 수 없고, 돌아갈 집도 사라졌지. 아이들은 반군을 피해 이곳저곳을 떠돌다가 시에라리온 군대를 만나서 어쩔 수 없이 소년병이 돼. 정부의 군대라고 해도, 오랫동안 반군과 전투를 하다 보니 병사가 부족했거든.

 이스마엘은 겨드랑이까지 오는 긴 총을 들고 전투에서 싸웠어. 달아나다 죽든가 전쟁터에서 싸우다 죽든가 해야 하니까. 어느새 사람을 죽이는

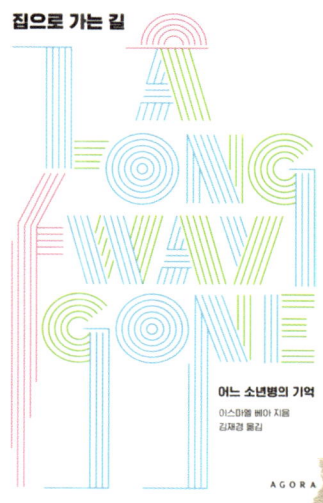

『집으로 가는 길』표지

것이 물 한 잔 마시는 것처럼 쉬워졌어. 군대가 가족처럼 느껴지기까지 했지. 그러던 어느 날 'UNICEF(유니세프)'라 적힌 조끼를 입은 사람들이 이스마엘과 다른 소년병들을 데리고 가. 유니세프는 소년병들의 가족을 찾아 주고, 평범한 소년으로 되돌아가도록 도와주지. 그 덕에 이스마엘은 작은아빠를 만나서 함께 살아. 그리고 유엔 경제 사회 이사회에 참석해서 시에라리온 소년병의 비극을 세계에 알려. 그 뒤에는 유엔의 도움으로 미국에서 공부하고, 유니세프에서 일하기도 했어. 지금도 이스마엘은 어린이 인권을 보호하는 일을 하고 있대.

이 책을 읽고, 유니세프에 대해 좀 알아봤어. 아주 많은 일을 하더군.

건조한 아프리카에서는 물을 구하려고 몇 시간씩 걸어가야 하는 곳도 많대. 그나마 그 물도 병균이 득실거리는 물이라, 그 물을 마시면 병에 걸려. 윽, 나로서는 상상할 수도 없지만 그런 물이라도 마시지 않으면 죽게 되니까 할 수 없이 마신대.

먹을 것이 없어서 굶어 죽는 아이도 많아. 병원도, 약도 없어서 병에 걸리면 치료도 못 받고 고통을 당하는 아이도 많지. 일을 해야 해서 학교에 못 가고, 힘든 노동을 하는 아이도 있어. 곡괭이로 땅을 파서 금을 캐는 아이도 있고, 진흙으로 벽돌을 만들기도 해. 농장에서 카카오를 따는 아이들도 있지. 이렇게 힘들게 사는 아이들을 돕는 국제기구가 유니세프야. 유니세프는 그 공을 인정받아서 1965년 노벨 평화상을 받았대. 나도 못 받은 노벨상을 받았다니, 샘나. 하지만 내가 안 한 훌륭한 일을 하니 나도 인정!

3
뭐? 슬그머니나라에 가라고?
_외교권을 빼앗은 이유

"슬그머니나라로 가 주십시오. 수염왕을 주슬그머니나라 꼬불꼬불나라 대사로 임명하겠습니다."

흰머리가 수염왕에게 말했어.

"뭐? 주슬그머니나라 꼬불꼬불나라 대사로 가라고? 당신, 날 쫓아내고 꼬불꼬불나라를 다스리더니 이젠 날 죽일 셈이야? 주슬그머니나라 꼬불꼬불나라……. 헥, 뭔 이름이 이렇게 길어? 이름 부르다 숨차 죽겠네. 그냥 주슬꼬불 대사로 줄여!"

수염왕이 흰머리의 수염이라도 잡을 듯, 손을 휘둘렀어.

"으악! 특사님 고정하세요."

"당장 떨어지십시오."

진우동과 큰대표 경호실장이 수염왕을 흰머리에게서 떼어 놓았어.

"진정하고 앉읍시다, 수염왕 특사."

흰머리가 소파에 앉았어. 수염왕도 흰머리를 노려보며 맞은편에 앉았어.

"외교는 국가가 위기에 처했을 때 더 큰 역할을 합니다. 전쟁보다 더 큰 위기는 없지요."

"으악, 지겨워. 똑같은 얘기를 벌써 몇 번째 듣는 거냐. 아무튼. 적국에 들어가는 건 안 돼. 죽을 수도 있잖아."

"외교관은 전쟁 중에도 적국에 가서 협상해야 합니다. 그렇지 않으면 어느 한 나라가 망할 때까지 전쟁하게 되니까요."

"그렇긴 하지, 만 난 위험한 일은 안 해. 난 아주아주아주아주 소중하단 말이야."

"제가 수염왕을 잘못 봤군요. 전, 수염왕이 꼬불꼬불나라를 아주 사랑한다 생각했죠. 또 외교 능력도 탁월하시고요. 유엔 총회에서도 중요한 정보를 많이 알아내셨잖습니까."

"사랑하지. 나보다 꼬불꼬불나라를 사랑하는 사람 있으면 나와 보라고 해!"

수염왕이 턱을 들고 가슴을 쑥 내밀었어.

"그럴 줄 알았습니다. 그럼 오늘 날짜로 수염왕을 주슬그머니나

라 꼬불꼬불나라 대사로 임명합니다."

흰머리가 수염왕의 두 손을 꽉 잡고 흔들었어.

"엥, 내가 주슬…… 대사……?"

"엥? 뭐야? 여긴 어디야? 난 왜 이곳에 있는 거야?"

수염왕이 주슬꼬불 대사관을 훑어보며 고개를 저었어.

"흰머리가 내 두 손을 꽉 잡고 흔든 것밖에 기억이 안 난다고."

"새로운 마음으로 대사님을 보필하겠습니다."

뒤에서 진우동이 쓱 나타났어.

"흰머리가 자네 두 손도 흔들었나 보군. 그나저나 우리 이제 큰일 났어. 전쟁을 일으키려는 적국에 왔잖아."

"적국과 타협해서 평화를 만들어야죠. 그것이 외교관의 역할이니까요. 그리고 외교관은 부임지를 가리지 않습니다. 국가가 가라는 곳에 가서 열심……."

"알았어, 잔소리 그만해. 그나저나 오랜만에 연미복을 입었더니 어색해."

수염왕이 제비 꼬리처럼 긴 연미복 뒷자락을 돌아봤어. 슬그머니나라 왕에게 인사를 가는 참이야.

두 사람은 꼬불꼬불나라의 전통 그림이 걸린 계단을 내려와, 대사관 밖으로 나왔어.

"오호호호호! 마차구나, 말이 끄는 진짜 마차."

대사관 밖에 두 마리 말이 이끄는 마차 세 대가 기다렸어.

수염왕과 진우동, 주슬 대사관에 근무하는 다른 외교관들이 마차에 나눠 타고 낄낄왕이 사는 그림자성으로 향했어.

"오호, 보드랍구나!"

수염왕이 붉은 벨벳으로 감싼 마차 좌석을 양손으로 쓸었어. 그러더니 갑자기 마차 창밖으로 상체를 내밀고 거리에 있는 슬그머니나라 사람들에게 손을 흔들었어.

"마차를 타니까, 다시 왕이 된 것 같아!"

수염왕은 엉덩이를 흔들고 발을 동동 굴렀어.

"대사님, 이곳은 적국이니까 흥분하지 마십시오."

진우동이 말했어.

"조용! 나 정말, 오랜만에 흥분하는 거야! 내 흥분을 깨지 마!"

수염왕은 본 척도 않는 슬그머니 사람들을 향해 계속 손을 흔들었어.

곧 마차가 그림자성에 도착했어. 수염왕은 성 주위를 두 바퀴 돈

뒤에 내리겠다고 버텼어. 하지만 대사관으로 돌아갈 때도 마차를 탈 수 있다고 진우동이 달래자, 마지못해 내렸어.

수염왕과 외교관들은 붉은 카펫이 깔린 복도를 지나, 접견실로 안내되었어.
"수염왕, 내 성에 온 것을 환영하네. 낄낄낄."
낄낄왕이 수염왕에게 웃으며 다가왔어. 머리에 쓴 왕관이 앞뒤로 흔들렸지.
"픕, 저 길쭉한 왕관은 볼 때마다 웃긴다니까."
수염왕이 진우동에게 속삭였어. 하지만 진우동은 차렷 자세로 서서, 침만 꼴깍꼴깍 삼켰지.
수염왕이 낄낄왕에게 꼬불꼬불나라 큰대표의 신임장을 건넸어.
"앞으로 자주 놀러 오게, 우린 친구잖아. 그런데 어쩌지? 오늘은 귀한 손님이 오기로 해서 내가 바빠. 그만 가 봐, 끼일낄낄."
낄낄왕은 수염왕에게 받은 신임장을 비서에게 휙 건네주고는 접견실을 나가 버렸어.
"저, 저, 저, 저 무례한 녀석! 감히 나 수염왕을 이렇게 박대해? 낄낄왕, 기다려!"

수염왕이 낄낄왕을 뒤쫓았어. 하지만 낄낄왕의 근위병에게 가로막혔지. 정신을 차린 진우동도 달려가 수염왕을 말렸어.

대사관에 도착할 때까지도 수염왕은 화가 풀리지 않았어.
"대사님, 본부에서 대외비 긴급 문서가 두 건이나 왔습니다."
대사 집무실 밖에서 서성이던 가랑비가 달려왔어. 가랑비는 가슴에 서류철을 안았어.
"자네는 눈치가 없군. 나 지금 일할 기분 아니거든."
"대사님, 긴급 문서이니 지금 확인해 보시지요."
진우동이 가랑비에게 서류철을 받아 수염왕에게 건넸어. 쯧. 수염왕이 혀를 차는 사이, 가랑비는 꾸벅 수염왕에게 고개를 숙인 뒤 아래층으로 내려갔어.

수염왕과 진우동이 집무실에 들어갔어. 집무실은 진우동이 일하는 책상 뒤로 수염왕이 일하는 사무실이 하나 더 있어. 진우동의 책상은 기역 자 모양인데, 컴퓨터 두 대가 놓였어.
"저는 내부망 전용 컴퓨터로 신임장 제정식을 본부에 보고하겠습니다. 제정식이 30초 만에 끝났고, 만찬은커녕 낄낄왕이 차 한 잔도 안 주더라고요."

"안 돼! 내가 낄낄왕에게 푸대접을 받은 사실은 아무도 알아선 안 돼. 나 자존심 상한단 말이야!"

"하지만 주재국에서 있었던 일은 모두 본부에 알려야죠. 본국(꼬불꼬불나라) 기사와 주재국(슬그머니나라) 관련 기사, 국제 정세 기사도 정리해서 보내야 하고요. 그게 외교관의 역할이잖아요."

"그렇지만 이 서류철에 든 종이가 급하고 비밀스러운 수신 문서들이라며? 제정식 보고는 나중에 하고 이걸 같이 읽자."

수염왕은 진우동의 의자에 앉아 서류철을 흔들었어. 진우동은 수염왕 뒤로 물러났어. 진우동은 등급이 높은 비밀문서는 읽을 권한이 없거든.

"뭐야? 이건 반짝별나라에 있는 총영사관에서 본부로 보낸 문서잖아. 음, 반짝별나라 금동왕이 낄낄왕이랑 돌래 만나려는 상황을 포착했다고? 에이, 금동이는 내 손바닥 안에 있으니 걱정할 거 없어!"

수염왕은 문서를 책상 위에 휙 던졌어. 그러고는 다음 문서를 읽었어.

"뭐야, 뭐야, 뭐……. 뭐, 뭐가 어쩌고 어째?"

수염왕이 수신 문서를 눈에 바짝 붙였어. 얼굴이 붉어졌다 하얘졌다 다시 붉어졌지.

"오대국에서 무기를 실은 배가 이리로 오고 있대."

"큰일 났네요!"

"낄낄왕, 이 괘씸한 녀석. 진짜로 내 나라를 침략하려는 거야? 아까 그 녀석에게 도시락 폭탄이라도 던졌어야 했는데, 기회를 놓쳤어!"

"큰일 날 소리 마세요!"

"몰라, 짜증 나! 아무튼, 우리더러 오대국 배에 어떤 무기가, 얼마나 실렸는지, 어디에 정박하는지, 언제 도착하는지, 왜 오는지를 알아내래. 아, 그리고 슬그머니나라 여론도 알아보래, 전쟁을 찬성하는지 반대하는지."

수염왕이 눈만 보이도록 문서를 내려 진우동을 올려다봤어.

"내가 무슨 수로 알아내?"

"제가 돕겠습니다."

진우동의 미간에 주름이 잡혔어.

"주름 펴, 우리에겐 인터넷이 있어!"

수염왕이 마우스를 움직여서 모니터 화면에서 인터넷 아이콘을

찾았어. 하지만 인터넷 아이콘이 보이지 않았지.

"뭐야? 낄낄왕 녀석이 인터넷 선을 자른 거야?"

수염왕이 컴퓨터 뒤를 살폈어.

"대사님, 그 컴퓨터는 내부망 전용 컴퓨터라 인터넷을 연결하지 않았습니다. 이 컴퓨터를 쓰세요."

진우동이 옆에 있는 컴퓨터를 가리켰어.

"됐어, 속에서 천불이 나서 못 있겠어. 나갈려."

수염왕이 집무실 밖으로 달려 나갔어.

"대사님, 같이 가요."

진우동이 수염왕을 뒤따랐어.

수염왕은 꼬불꼬불나라 대사인데
왜 슬그머니나라 낄낄왕에게 신임장을 주나요?

　회사에는 높고 낮은 직급이 있어. 일반 사원, 대리, 과장, 부장, 상무, 전무, 사장 등이지. 군인도 이등병, 상병, 하사, 소위, 대위, 소령, 대령, 국방부 장관, 대통령 등이 있어. 대통령 밑에 국무총리, 장관, 차관 등이 있지. 어휴, 숨차다. 외교부도 마찬가지야. 외교관은 외교부 장관 밑에 있는 공무원이지. 외국에서 근무하는 외교관도 여러 직급으로 나눠어. 가장 높은 외교관이 대사야. 그 밑에 공사, 참사관, 서기관 등이 있지.

　대사의 정식 명칭은 '특명 전권 대사'야. 그 이름처럼 국가를 대표해서, 자기가 맡은 국가에 대한 정치, 경제, 문화, 사회 등 모든 분야의 문제를 책임지지. 앞에서 외교의 최고 책임자가 대통령이라고 했지? 그 밑에 외교부 장관이 있고. 하지만 대통령도, 외교부 장관도 모든 국가와 일일이 외교를 하기엔 너무 바쁘잖아. 그래서 대사를 보내서 외교를 맡기는 거야.

　국가 원수(대통령이거나 왕)는 상대 국가의 국가 원수에게 신임장을 써서 보내. '이 사람은 우리 나라를 대표하는 사람이니, 이 사람이 하는 말을 믿

주한대사 신임장 제정식 기념사진. 신임 주한케냐 대사에게 신임장을 받은 문재인 대통령 (무웬데 무윈지 주한 케냐 대사(왼쪽), 문재인 대통령(가운데), 정의용 외교부 장관)

어 달라. 이 사람은 인품이 훌륭하고 능력도 뛰어난 사람'이라는 내용을 적지. 대사는 국가 원수를 대신해서 외교를 하는 사람이라는 거야. 대사가 직접 상대 국가(주재국)의 국가 원수를 찾아가서 그 신임장을 제출해. 이런 행사를 '신임장 제정식'이라고 하지. 본국을 대표하는 대사가 주재국의 국가 원수에게 인사하는 거야. 신임장 제정식이 끝나야, 대사는 외교 업무를 시작할 수 있어.

슬그머니나라처럼 왕이 있는 국가에선 왕에게 신임장을 제출해. 왕에게 신임장을 제출할 때, 대사는 제비 꼬리처럼 양복 뒷자락이 긴 연미복

이나 모닝코트를 입고 마차를 타고 궁궐로 들어간다고 해.

그런데 대사가 마음에 안 들면 어쩌지? 그 사람이 나라에 피해를 줬던 사람일 수도 있고, 평판이 나쁜 사람일 수도 있어. 그럴 땐 신임장을 받지 않고, 대사를 쫓을 수 있어. 하지만 이런 일은 국가 간에 심각한 문제가 생길 수 있어. '너희 나라는 못 믿어.'라고 말하는 것과 같으니까.

대사가 마음에 안 들어서가 아니라 상대 국가에 불만이 있을 때, 그 불만을 표현하기 위해 대사를 추방하기도 해. 2017년에 멕시코, 스페인 등이 북한 대사를 '외교상 기피 인물'로 지정하고 추방했어. 북한이 6차 핵실험을 하자, 이에 항의한 거야.

반짝별나라 총영사관에서 본부로 문서를 보냈대요. 대사관과 총영사관은 같은 건가요?

국내에서 외교부 직원이 일하는 외교부 건물이 있지? 외교부 공관이지. 다른 국가에서 일하는 외교관도 일할 곳이 필요해. 이런 장소를 재외

공관이라고 불러. 재외 공관은 맡은 역할에 따라 대사관, (총)영사관, 대표부로 나뉘지.

　대사관, (총)영사관은 정식으로 외교 관계를 맺은 국가에 있어. 국가들이 맺은 외교 관계를 '국교'라고 해. 국교를 맺는 것은 '수교'라 하지. 대사관은 위에서 소개한 대로, 자기 나라를 대표해서 주재국 정부와 다양한 분야에서 협상할 수 있어. 외국에 있는 본국 정부의 역할을 하지. 물론 외국에 있는 자기 나라 국민을 보호하는 역할도 해. 주재국 정부와 의논하고 협상하기 때문에 정부가 있는 주재국 수도에 있어.

(총)영사관은 주재국 정부와 협상할 권한이 없어. 그래서 (총)영사는 신임장이 필요 없어. 주재국 정부를 상대로 일하기보단, 외국에 있는 본국 국민을 보호하고 도와. 외국에서 도둑을 만났다면, (총)영사관에 연락해서 도움을 요청해. 외국에 사는 우리 국민에게 필요한 각종 서류도 (총)영사관에 신청해서 받지. 다른 나라에 사는 우리 국민을 재외 국민이라 하는데, (총)영사관은 재외 국민이 많은 곳에 있어. 미국에 있는 대한민국 재외 공관을 예로 들게. 주미대한민국 대사관은 미국의 수도인 워싱턴에 있고, (총)영사관은 재외 국민이 많이 사는 로스앤젤레스, 뉴욕, 샌프란시스코 등에 있어.

대표부는 중요한 국제기구를 상대로 외교하는 곳이야. 국제 연합(UN), 유엔 제네바 사무국(UNOG), 동남아 국가 연합(ASEAN), 경제 협력 개발 기구(OECD), 유엔 교육 과학 문화 기구(UNESCO)에 대표부가 있어. 유엔을 상대로 외교 활동을 하는 재외 공관이 주유엔 대표부야. 주제네바 대표부는 다양한 국제기구를 상대로 외교 활동을 해. 2020년 기준, 스위스 제네바엔 국제기구가 31개, 국제 NGO(비영리 시민 단체) 250여 개, 각 국가의 대표부 176개가 모여 있거든. 동남아 국가 연합은 동남아시아 국가들이 협력하기 위해 만든 국제기구야. 아세안이라 부르지. 경제 협력 개발 기구와 유엔 교육 과학 문화 기구는 뒤에서 소개할게. 5개의 국제기구 외에도 정식으로 수교하지 않은 국가에도 대표부를 설치해. 앞에서 수염왕이 들려준 대로, 대한민국과 특별한 관계인 대만(중화민국)의 수도에 주타이베이 대한민국 대표부가 있어.

수염왕의 외교 노트

다른 국가에서 외교관이 일하는 장소를 재외 공관이라 한다.
재외 공관은 역할에 따라 대사관, (총)영사관, 대표부로 나뉜다.
파견된 대사는 주재국 정상에게 신임장을 내야 한다.
(내가 왕이었을 때, 슬그머니나라 대사의 신임장 제정식을 했어. 그 신임장으로 종이비행기를 만들었지. 크크.)

외교권을 빼앗은 이유

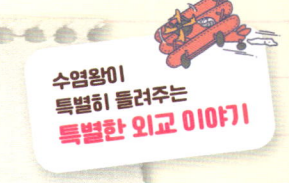

이상하게 나는 대한민국이란 나라에 관심이 많아. 그래서 이번에는 주권이 얼마나 중요한지 대한민국 외교 역사를 통해 들려줄래.

대한민국 전에 조선이란 나라가 있었다고 했지? 조선은 일본의 침략을 여러 번 받았어. 임진왜란, 정유재란이지. 두 전쟁 모두 조선이 이겼지만, 일본은 조선을 차지하려는 욕심을 버리지 않았어. 일본은 조선보다 먼저 서양의 선진 문물을 받아들였어. 기술이 발전했고 경제도 발전했지. 일본은 점점 강하고 부유한 나라로 성장했어.

그사이에 조선은 서양 여러 나라가 무역을 하자, 외교 관계를 맺자고 찾아와도 내쫓기 바빴다는 거야. 하긴 그 나라들이 대포를 들이대고 위협하며 친구가 되자고 하니까 믿을 수도 없었겠지. 어쨌거나 일본은 점점 발달하는데 조선은 제자리걸음이었어.

다시 일본이 이런저런 핑계를 대며 조선을 침략했어. 조선의 왕이었던 고종은 조선이란 이름을 대한 제국으로 바꿨어. 그리고 대한 제국이 주권

이 있는 국가라는 사실을 세계에 알렸지. 하지만 나라 이름을 바꾼다고 해서, 일본을 이길 힘이 생긴 건 아니었지.

1905년 일본의 대표 이토 히로부미가 대한 제국의 관리 다섯 명만 불러서 조약을 체결했어. 치사하게, 고종과 일본에 반대하는 관리들은 쏙 빼고 말이야. 이 조약이 을사조약이야. 을사년에 강제로 맺은 조약이라는 뜻으로 '을사늑약'이라 부르기도 해. 조약에 서명한 관리 다섯 명은 '을사오적'이라 비난받지. 조약의 내용은 일본이 대한 제국의 외교권을 빼앗고, 통감부를 만들어서 대한 제국을 통치하겠다는 거였어.

만약 꼬불꼬불나라에서 이런 일이 벌어졌다면, 난 가만있지 않았을 거야. 고종 역시 가만있지 않았어. 일본을 이길 힘은 없으니 다른 나라들의 힘을 빌려서 일본을 내쫓으려고 했지. 그렇지. 이럴 때 외교가 필요해.

고종은 1907년 네덜란드 헤이그에서 열린 만국 평화 회의에 특사 세 명을 보내. 이들은 일본 몰래 헤이그에 도착했어. 하지만 일본은 대한 제국 특사들이 만국 평화 회의에 참석하지 못하게 막았어. 다른 국가들도 대한 제국이 회의에 참석하는 걸 반대했어. 그 이유는 대한 제국은 국제 회의에 참석할 권한(외교권)이 없다는 거였어. 을사조약의 내용을 기억해 봐. 대한 제국의 외교권을 일본이 빼앗았잖아. 결국 헤이그 특사들은 만국 평화 회의에 참석하지 못했어.

음, 안타까운 대한민국의 역사지. 하지만 일본이 왜 대한 제국의 외교권을 빼앗았는지 그 이유를 알 수 있을 거야. 외교권이 없으니까 대한 제국이 다른 국가들을 상대로 외교를 할 수도 없고, 도움을 청하기도 힘들었던 거지. 외교가 이렇게 중요하다니까!

4
정보, 정보가 중요해!
_외교의 세계에서는 정보가 참 중요해

"지금 뭐 하시는 겁니까?"

"이 나라에서 제일 큰 마트에서 신문 보는 척하잖아."

"그러니까 왜 신문 보는 척을 하시냐고요? 그것도 국회 앞 대중목욕탕과 식당, 카페, 퇴역 군인회……. 벌써 여러 곳에서 이러셨잖아요. 더구나 전쟁이 일어날지도 모르는 중요한 시기에."

"엥? 자네도 눈치가 없군. 돈과 정보는 밀접한 관계야. 이것을 봐. 무기를 만드는 회사와 식품 회사들의 주식이 엄청 올랐잖아."

수염왕이 신문을 가리켰어.

"오! 그렇군요!"

"즉, 전쟁이 임박했고 이곳 국민도 전쟁이 일어날 거라고 생각하는 거지."

"우아! 대사님은 정말 아는 게 많으십니다."

"쉿! 저기 아줌마 무리가 다가온다."

수염왕이 신문으로 얼굴을 가렸어.

"난 말이야, 세계 7대 불가사의에 '아줌마'가 안 들어가는 게 참 이상해. 처음 만나는 아줌마들이 마트나 길거리, 공원, 심지어 대중목욕탕에서 몇 시간씩 얘기하는 게 신기하잖아."

수염왕이 한봉지 마트 휴게실을 가리켰어. 휴게실이라고는 해도 마트 한편에 소파와 벤치 몇 개가 있을 뿐이야. 장을 보러 온 아줌마들이 삼삼오오 모여 앉아서 휴게실엔 빈자리가 없었지.

"자리 났다."

두 아줌마가 자리에서 일어서자, 수염왕이 그 자리에 휙, 신문을 던졌어. 아줌마들이 수염왕을 보며 키득거렸어. 수염왕은 주위를 둘러보며 휘파람을 불다가 웃음소리가 잦아들자, 슬그머니 신문을 들고는 냉큼 소파에 앉았어. 진우동도 옆에 앉았어.

"역시 난 운이 좋아. 제일 목소리가 큰 아줌마 앞에 앉았잖아."

수염왕이 소파 등받이에 등을 기댔어. 진우동도 수염왕을 따라 했어. 소파 뒤 벤치에 앉은 아줌마들의 목소리가 똑똑히 들렸어.

"아휴, 군대 간 우리 아들 때문에 걱정이야. 일요일마다 전화해서 엄마 보고 싶다고 했던 아이인데, 부대를 이동한다는 전화 이후

로는 연락이 없어. 어디 다친 건 아닌지 몰라."

"그래요? 정말 이상하다. 내 동생도 해군 중위거든요. 원래도 잠수함 타고 나가면 서너 달은 연락이 없었지만, 이번엔 너무 길어요. 벌써 일곱 달째 소식이 없어요."

아줌마들의 대화를 엿듣다가 진우동이 수염왕 귀에 속삭였어.

"군대에 간 가족이 연락이 없으니 얼마나 걱정이 크겠어요."

"엥? 지금 저 아줌마들의 걱정을 걱정하는 거야? 정보를 얻어야지!"

수염왕도 진우동에게 속삭였지.

"무슨 정보요?"

"저 아줌마들의 군인 가족이 연락이 없는 이유가 뭐겠어? 비상근무 중이라는 거잖아!"

"오! 그렇군요! 정보는 여기저기에 있군요."

진우동이 수염왕을 돌아봤어. 하지만 수염왕은 이미 마트 출입구를 나가고 있었어.

"어휴, 우리 대사님은 참 빠르셔."

진우동이 한숨을 쉬고 수염왕을 따라 마트를 나왔어. 저만치 앞에서 수염왕이 전봇대에 붙은 전단을 떼는 모습이 보였어.

"무슨 전단이에요?"

"징병 전단이야."

"징병이요? 군인을 모집한다고요?"

진우동이 수염왕과 전단을 번갈아 봤어.

"응, 그만 대사관으로 돌아가세. 정보는 다 모았어."

수염왕이 전단을 진우동에게 건넸어.

두 사람이 대사관에 도착하자, 가랑비 서기관이 달려왔어.

"대사님, 오대국 사절단이 머무는 곳을 알아냈습니다. 약속도 잡았고요."

"오호? 자네는 눈치는 없지만, 실력은 괜찮군. 그래, 오대국 사절단이 머무는 숙소가 어딘가?"

"제가 주제네바 대표부에 근무했을 때 친하게 지낸 오대국 외교관이 살짝 알려 줬습니다."

"음, 인맥 관리도 잘했군. 그래, 숙소가 어딘가?"

"다들 제게 인간성이 좋……."

"숙소가 어디냐고? 자넨 눈치가 너무너무너무너무 없어!"

수염왕이 소리를 질렀어.

"에메랄드호텔 1701호입니다."

가랑비가 고개를 푹 숙였어.

"당장 갈 거야. 가랑비 서기관은 고개 들어. 반짝별나라 대사에게 이걸 전해."

수염왕이 가랑비에게 보라색 벨벳을 씌운 작은 상자를 건넸어.

"보석 상자네요. 반짝별나라 대사에게 반지라도 선물하시려고요? 혹시 뇌물?"

"엥? 반짝별나라 대사는 금동왕의 다섯째 동생, 동동 남작이야. 꼬맹이 때부터 알던 녀석에게 뇌물은 무슨……."

"그럼 이 상자 안에 뭐가 들었는데요?"

"비밀, 금동왕의 비밀이 들었어! 동동에게 이 말도 전해. 내 입이 간질간질하다고 말이야."

"무슨 비밀…… 아니지, 제가 알면 더는 비밀이 아니죠. 그런데 동동 대사가 저를 만나 줄까요?"

"그건 자네가 알아서 해. 자네의 좋은 인간성을 이용하라고. 진우동 서기관, 우리는 가세."

수염왕이 앞장섰어. 진우동은 입이 벌어진 가랑비에게 어깨를 으쓱해 보이고는 수염왕을 따라갔어.

"접니다! 꼬불꼬불나라 수염왕입니다."

"아, 안녕하셨습니까?"

오대국 사절단장 큰곰이 엉거주춤 소파에서 일어나 수염왕의 손을 잡았어.

"꼬불꼬불나라와 오대국은 284년 전, 그러니까 오대국이 쇠망치 나라에서 독립할 때부터 각별한 사이였습니다. 제 선조이신 광풍 수염대왕이 직접 꼬불꼬불나라의 군사를 이끌고 오대국을 도우셨죠."

"압니다. 꼬불꼬불나라에 큰 은혜를 입었습니다."

"그리고 12년 전, 저와 오대국 큰대표가 불가침 조약을 맺었습니다. 그때 큰곰 단장도 있었습니다. 기억나죠?"

큰곰은 고개를 살짝 끄덕였다. 얼굴이 살짝 붉어졌다.

"아무리 국익이 중요하다고는 해도, 불가침 조약을 맺은 나라를 공격하는 것은 세계 질서를 깨는 행위입니다. 꼬불꼬불나라를 적으로 만들어서 오대국에게 무슨 이익이 있습니까?"

"저 개인적으로는 꼬불꼬불나라에 미안합니다. 하지만 저희 오대국의 경제는 군수 산업이 좌지우지합니다. 무기 수출로 돈을 벌어야 합니다."

"제 말이 그 말입니다. 슬그머니나라 국민이 어떻게 사는지 보십

시오. 집 없이 길에서 사는 국민이 많아요."

"하지만 이 나라는 다이아몬드가 많습니다."

"엥? 이렇게 슬그머니나라 사정에 어두워서야. 다이아몬드가 무한정 나옵니까? 요즘에는 그림자성에 있는 다이아몬드 방에서 다이아몬드를 떼어 내서 팔고 있답니다. 오대국의 무기만 받고 돈은 못 줄 게 뻔합니다."

"네? 정말입니까?"

"그럼요. 망하는 슬그머니나라와 군사 동맹을 맺겠습니까? 아니면 자유 민주 국가가 된 뒤로 나날이 발전하는 꼬불꼬불나라와 군사 동맹을 유지하겠습니까? 내가 장담하는데, 우리 꼬불꼬불나라를 무시했다간 큰코다칠 겁니다. 꼬불꼬불나라의 국민은 왕을 내쫓고 자유 민주주의 국가를 세웠습니다. 자부심과 용기가 넘친다, 이겁니다."

"수염왕 대사의 말씀을 저희 큰대표에게 보고하겠습니다."

"꼬불꼬불나라와의 길고 끈끈했던 우정을 잊지 말라고 전해 줘요."

수염왕이 자리에서 일어나자, 큰곰이 허리를 숙여 인사했어.

"대사님, 정말 대단하십니다. 어쩌면 그렇게 말씀을 잘하십니까. 정말 감동했습니다."

진우동이 꼬불꼬불나라 대사관 전용차 운전석에 앉자마자 수염왕에게 엄지를 치켜세웠어.

"난 수염왕이잖아. 그나저나 말 잘하는 수염왕을 위해 안전 운전해."

수염왕이 짧은 다리를 꼬았어. 자동차가 오른쪽으로 돌자, 몸이 오른쪽으로 기울었어. 에이, 모르겠다. 몸이 기울어진 김에 아예 눕자 싶었어.

"내 키는 참 실용적이란 말이야. 다리를 구부릴 필요도 없네."

차 뒷자리에 눕자 수염왕의 눈꺼풀이 스르륵 내려왔어.

**재외 공관에 있는 컴퓨터에 인터넷 연결을 안 한다고요?
윽, 인터넷을 못 쓰면 엄청 불편할걸요?**

외교관의 임무 중 하나가, 정보를 모아서 본국의 외교부(본부라고 불러.)에 보내는 일이야. 주재국의 상황을 본부에 알리는 거야. 주재국과 그 국민이 자신의 국가를 어떻게 생각하는지도 알리지.

수염왕이 유엔 총회에서 슬그머니나라가 꼬불꼬불나라를 침략하려 한다는 말을 들었지? 그런데 그 말이 사실인지, 잘못된 정보인지 확인해야 하잖아. 만약 그 말이 사실이라면, 꼬불꼬불나라는 전쟁 준비를 해야 할 거야. 안으로는 국방을 더 튼튼히 해서 전쟁이 일어났을 때 이길 수 있도록 준비하고, 밖으론 다른 나라들에 슬그머니나라의 계획을 폭로하고 전쟁이 일어나지 않도록 도와 달라고 요청해야지. 그래서 유엔 총회에서 흰머리 큰대표가 슬그머니나라의 위협을 폭로했지.

하지만 전쟁이 일어날 거라는 정보가 잘못된 것일 수도 있잖아. 그러니 이 정보가 진짜인지 가짜인지를 확인해야 해. 어느 나라나 정보를 담당하는 기관들이 있어. 하지만 외교관도 주재국에 대한 정보를 수집해야 해. 정치, 군사뿐 아니라 경제, 문화, 사회 등에 대한 정보도 중요해. 그 이야

재외 공관을 감시해서는 안 됨

기는 뒤에서 알아보자.

이런 일이 있을 수도 있어. 주재국의 정상(설마 산꼭대기를 생각하는 건 아니겠지?)이 본국에 방문해. 그럴 땐 그 정상에 대한 정보를 본부에 알려야 해. 마침 자녀가 많이 아파서 주재국 정상이 걱정이 많아. 그런데 우리 나라 대표가 그 정상에게 아이 이야기로 농담이라도 해 봐. 아주 큰 실례가 되겠지.

본부에서 재외 공관에 정보를 보낼 때도 있어. 급한 내용도 있고 중요한 내용도 있어. 비밀 정보를 보내기도 하고, 임무를 주기도 해. 그런데 본부와 재외 공관에서 주고받는 정보는 다른 사람이 알면 안 돼. 그런데 컴퓨터가 인터넷에 연결되어 있으면 해킹을 당할 수도 있잖아. 그래서 보안을 위해 일반 인터넷 대신 본부와 재외 공관을 연결한 전용 회선을 사용해. 그리고 주재국은 자기 나라 안에 있는 다른 나라의 재외 공관과 외교관들이 자유롭게 전화, 메일, 우편 등을 사용하게 보장해야 해. 간섭하거나 감시해서는 안 되지.

3장에서 진우동이 컴퓨터 두 대를 놓고 쓰던 것 기억나? 재외 공관에서 일하는 사람도 우리처럼 인터넷을 사용할 일이 많겠지. 인터넷이 연결된 컴퓨터도 필요하고. 그래서 전용 회선이 연결된 컴퓨터, 일반 인터넷이 연결된 컴퓨터를 같이 사용한다고 해.

**수염왕이 정보를 얻으려고 여러 곳을 다녔대요.
정보는 어디에서 구하나요?**

외교관은 주로 주재국의 뉴스, 기사에서 정보를 얻는다고 해. 그런데 그것만으론 정보가 부족하지. 그래서 직접 정보를 구하기도 해. 정치인을

만나서 궁금한 걸 묻고, 기업가도 만나. 예술인을 만나기도 하고, 그 나라 국민이 어떤 생각을 하는지, 본국을 어떻게 생각하는지도 알아내지.

그래서 외교관은 평판이 아주 중요해. 만약 외교관이 약속을 지키지 않고, 자기 나라를 싫어하는 사람이라고 소문이 나면 어떨까? 그런 사람에겐 정보를 주기 싫을 거야. 우리도 믿을 수 없는 사람에게는 속마음을 말하지 않잖아. 결국 외교관의 평판이 나쁘면, 외교관의 국가가 손해를 보는 거지.

국제 관계에선 '영원한 친구도, 영원한 적도 없다'고 해. 대만과 수교를 끊고 중국과 수교한 여러 나라를 떠올려 봐. 오늘은 친구처럼 서로 돕지만, 내일은 서로 이익을 더 얻으려고 치열하게 싸울 수 있어. 그래서 외교관은 '소리 없는 전쟁터'에서 싸우는 병사와 같아.

그런데 상대를 이기려면 어떻게 해야 할까? '지피지기(知彼知己)면 백전백승(百戰百勝)'이라는 말이 있잖아. 상대 국가가 어떤 상황인지, 무엇을 원하고 어떤 부분이 약한지, 자기 나라에 무엇을 기대하는지 등을 알아야 이길 수 있어.

외교관은 자기 나라에서 몇 년 일하다가 외국에 나가서 근무하기를 반복해. 외국에서 근무할 때도, 보통 2~3년 정도 지나면 본국에 돌아오거나 또 다른 국가로 옮겨서 일해. 자기가 머무는 국가를 좋아하고 그곳 사람들과 사이좋게 지내면 외교를 더 잘할 수 있겠지? 하지만 주재국을 자기 나라보다 더 좋아해서 주재국을 위해 일하면 안 되잖아. 외교관의 임무는 자기 나라를 위해 일하는 거야. 국민과 국가에 헌신해야 하지.

정보를 잘 알아내려면 그 국가의 말과 글을 잘 알아야 해. 정보를 주는 사람이 아주 중요한 정보를 말해 주고, 비밀문서를 보여 줘도 이해할 수 없으면 소용없잖아.

수염왕은 유엔 본부에서 슬그머니나라가 오대국, 반짝별나라와 군사 동맹을 맺고 꼬불꼬불나라를 침략하려 한다는 정보를 얻었어. 꼬불꼬불나라 본부는 무기를 실은 오대국이 배가 슬그머니나라로 향했다는 정보를 알려 줬지. 다시 수염왕은 슬그머니나라가 전쟁 준비 중이라는 증거를 찾았어. 그리고 오대국과 반짝별나라 대표를 만나, 꼬불꼬불나라를 침략하지 말라고 설득했지. 꼬불꼬불나라 외교부와 수염왕이 전쟁을 막은 거야.

수염왕의 외교 노트

외교를 잘하려면 상대국가에 대한 정보를 많이, 정확하게 알아야 한다.
외교관은 주재국에 관한 정보를 모아 본부에 전달한다.
재외 공관과 외교관은 통신의 자유를 보장받는다.
(난 못하는 게 뭘까? 정보도 잘 모으고, 협상도 잘하고. 큭큭. 난 참 잘났어!)

외교의 세계에서는 정보가 참 중요해

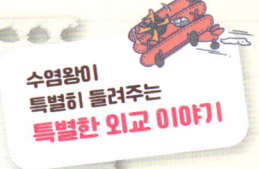

내가 아주 탐났던 장수가 있어. 세계 전쟁 역사상 가장 위대한 승리를 거둔 이순신이야. 이순신은 조선의 제독인데, 임진왜란과 정유재란을 승리로 이끌었어. 그래서 임진왜란에 대해 알아보는데, 외교관의 역할이 얼마나 중요한지 알려 주는 일화가 있더라고. 그 일화를 소개할게.

조선의 왕이 선조였던 때였어. 일본이 조선을 침략하려 한다는 소문이 났어. 일본 따위가 조선을 침략할 리 없다며, 왕과 신하들은 소문을 믿지 않았지. 당시만 해도 조선은 일본에 문화를 전해 주는 나라였거든. 일본을 무시했지. 하지만 '아니 땐 굴뚝에 연기 나랴.'라는 속담을 떠올린 사람들도 있었어.

선조는 소문이 사실인지 확인하려고 일본에 통신사를 보냈지. 그 당시에 외교관과 외교 사절을 통신사라고 불렀대. 그런데 문제가 생겼어. 통신사 세 명이 서로 다른 보고를 한 거야. 두 명은 일본이 조선을 침략할 거라고 말했어. 나머지 한 명은 일본이 조선을 침략하지 않을 거라 보고했

여수의 이순신 광장에 있는 거북선 모형

지. 나라면, 만일을 대비해서 전쟁을 준비했을 거야. 전쟁에서 지는 것보다는 일어나지 않을 전쟁을 준비하는 게 희생도 훨씬 적고 비용도 적게 드니까. 그런데 이 어리석은 왕과 신하들은 전쟁이 일어나지 않을 거라는 통신사의 말을 믿었어. 전쟁을 대비하기는커녕 군인을 훈련하고 무기를 준비하는 것도 막았어.

나도 왕이었으니까, 선조의 마음을 조금은 이해할 수 있어. 전쟁이 일어날 거라 생각하면 무서워. 전쟁을 준비하는 데 비용도 많이 들고 귀찮아. 힘들기도 하지. 그러니 전쟁이 일어나지 않을 거라 믿는 게 마음 편해.

하지만 나라를 책임지는 왕이라면, 무섭고 귀찮은 마음을 이겼어야지.

2년 뒤, 일본이 조선을 침략했어. 그래, 임진왜란이야. 순식간에 일본군이 조선을 뒤덮고, 왕과 신하들은 피난 가기 바빴어. 불행 중 다행으로, 조선에는 이순신이 있었어. 이순신은 해군을 이끌고, 조선으로 건너오려는 일본군 배를 물리쳤어. 단 한 번도 지지 않았지. 그 기세에 힘입어 육지에서 벌어진 전쟁에서도 조선군이 승리하기 시작했어. 백성이 의병이 되어 일본군을 무찌르기도 했어. 일본은 항복했고 임진왜란은 끝났어. 하지만 전쟁의 피해는 엄청났어.

만약 일본을 방문한 통신사들이 보고 들은 내용을 정확하게 기록하고, 일본의 속셈을 제대로 파악해서 왕에게 전달했다면 어땠을까? 차근차근 전쟁 준비를 했을 거고, 임진왜란의 피해는 훨씬 줄었을 거야.

재밌는 건, 임진왜란이 끝난 뒤에 일본이 조선에 다시 국교를 맺자고 요청한 거야. 조선은 일본을 친구로 받아들여야 할지 고민했어. 일본은 섬을 벗어나 대륙을 차지하고 싶어서 계속 조선을 탐냈거든. 하지만 결국 조선과 일본은 국교를 맺었어. 외교의 세계에선 영원한 적도, 영원한 친구도 없으니까.

5
그것은 오해!
_여권이 없다면, 어떤 일이 벌어질까?

"오대국의 무기를 실은 배가 되돌아갔습니다. 반짝별나라 금동 왕도 낄낄왕이 아니라, 우리 꼬불꼬불나라 큰대표를 만나겠다고 합니다."

진우동이 수염왕에게 보고했어.

"다 내 덕분이야."

"그렇습니다. 그런데 그 상자에 무엇이 들었던 겁니까? 동동 대사에게 무엇을 주신 겁니까?"

"고건 아주 중요한 비밀인데, 내 기분이 아주 좋으니 특별히 알려 주지."

수염왕이 팔자수염을 쓰다듬으며 거드름을 피웠어.

"반짝별나라의 왕들은 대대로 모든 이가 금니야. 금니가 왕의 정통성을 나타내지. 팔자수염이 꼬불꼬불나라 왕의 정통성을 상징하듯 말이야."

"그런데요?"

"내가 금동왕이랑 왕자의 학교에 다녔잖아. 그때 금동왕의 이가 부러졌는데, 그 이를 내가 가지고 있었거든."

"윽, 남의 이를 왜 가지고 계셨어요? 그리고 금동왕 이는 왜 부러……. 설마 대사님이……?"

"뭐야, 내 소중한 정보 듣기 싫어?"

"그럴 리가요."

"그 녀석의 이는 금칠한 거였어. 금니가 아니었지. 그것도 모르고 낄낄왕은 금동왕을 따라 이를 몽땅 금니로 바꿨으니, 정말 어리석은 녀석이라니까."

수염왕이 혀를 찼어.

"큰일 났습니다!"

가랑비 서기관이 진우동을 옆으로 밀치며, 달려 들어왔어.

"자네는 할 줄 아는 말이 '큰일 났습니다'밖에 없나? 만날 큰일 났다고 소리를 지르는군. 이번엔 또 뭔 큰일인가?"

"슬그머니나라 해경이 우리 어선을 납치했습니다. 그런데 그 어선을 해적선이라고 우깁니다."

"우리 나라 어선을 납치했으면서, 해적선이라 우긴다고? 그게

무슨 소리야?"

"우리 어선이 슬그머니나라에서 노략질을 한다고 거짓말을 하려는 거 아닐까요?"

"슬그머니나라 국민을 화나게 해서 우리 나라를 미워하게 만들려는 속셈이겠죠."

가랑비에 이어 진우동이 말했어.

"하긴 내 눈부신 능력 때문에 오대국과 반짝별나라가 슬그머니나라와 관계를 끊었으니, 낄낄왕이 화병이 낫겠지. 그래서 화풀이를 하는 거야."

낄낄왕이 떠오르자, 얼굴이 저절로 찌푸려졌어.

그때, 쨍하는 소리와 동시에 집무실의 유리창이 깨졌어. 밖에서 돌멩이가 날아온 거야.

엄마야! 비명을 지르며 수염왕이 책상 아래로 몸을 숨겼어. 진우동과 가랑비도 바닥에 납작 엎드렸어.

진우동이 오리걸음으로 창가로 다가가서 밖을 내다봤어. 슬그머니나라 국민 수백 명이 대사관을 에워쌌어.

"꼬불꼬불나라가 우리 식량을 빼앗는다!"

"꼬불꼬불나라 때문에 우리가 굶주린다!"

국민들의 목소리가 쩌렁쩌렁 울렸어.

"나가서 무슨 일인지 알아봐야겠어. 가랑비 서기관은 납치된 어선의 선장을 만나 봐."

수염왕과 진우동이 대사관 밖으로 나갔어. 마스크를 쓰고 시위대 속에 슬쩍 끼어들었지.

"꼬불꼬불나라 때문에 우리가 굶는다고요?"

진우동이 옆에 선 노인에게 물었어.

"꼬불꼬불나라가 생명의 강에 댐을 만들어서, 우리 나라에 흘러올 강물을 막았대. 물이 부족해서, 농사를 망쳤대."

노인 옆에 있던 젊은 여자가 끼어들었어.

"뉴스에서 그러는데, 오늘도 꼬불꼬불나라 해적선이 우리 나라가 수입한 식량을 빼앗았대요. 다행히 우리 용감한 해경이 그놈들을 잡았죠."

"이 사람들이 가짜 뉴스에 속았군."

수염왕과 진우동이 마주 보고 한숨을 쉬었어.

그때 누군가가 외쳤어.

"꼬불꼬불나라 사람들을 몰아내자!"

"맞아, 여기 사는 꼬불꼬불나라 사람들도 해적이랑 한패야!"

시위대가 흥분해서 외쳤어.

"갑시다!", "몰아내자!", "꼬불꼬불나라 사람들의 재산을 빼앗자!"라는 외침이 여기저기에서 들렸어.

"큰일이군. 점심시간이 7분이나 지났어. 나 배고파!"

수염왕이 시위대를 벗어나, 대사관 근처 꼬불 타운으로 향했어. 꼬불꼬불나라 교민들이 하는 식당이 모인 골목이야.

"지금 식사를 할 때가 아닌 것 같은데요. 시위대가 흥분해서 우리 교민을 공격하면 어쩌죠?"

진우동이 수염왕을 쫓아왔어.

"벌써 큰일은 났어. 저걸 봐."

수염왕이 식당 문을 가리켰어. '오늘 쉽니다.'라고 적힌 종이가 붙었어. 그 식당뿐 아니라 주변의 식당들도 장사는 하는 곳이 없었어.

"진우동 보좌관, 자네는 당장 문을 연 식당을 찾게. 난 배고프면 엄청 예민해지거든."

수염왕이 문을 연 식당을 찾아 5분쯤 헤매다, 길에 주저앉아 버렸어.

"앗, 대사님. 저 멀리 '아름 식품점'이란 간판이 보입니다. 제가 가……. 같이 가요!"

식품점을 향해 이미 전속력으로 달려가는 수염왕을 따라, 진우동도 달렸어.

식품점 안은 아수라장이야. 사람들이 비닐봉지나 상자에 식품을 마구 쓸어 담고 있었어. 밖에는 점원이 주저앉았고.

"어? 이틀 전에 대사관 영사과에 출생 신고를 하러 왔던 우리 교민 맞죠?"

진우동이 알은체했어.

점원이 고개를 끄덕였어.

"뭐야, 오늘 반값 할인이라도 하는 거야?"

수염왕이 물었어.

"반값이라뇨? 저 날강도들이 가게로 몰려 들어와서는 식품을 훔치는 겁니다."

"네? 빨리 경찰을 불러야죠."

"불렀죠. 그런데 경찰이 안 옵니다. 저뿐만 아니라 꼬불꼬불나라 교민이 하는 가게, 식품점은 죄다 이 나라 사람들이 몰려가서 부수고 물건을 훔치고 있어요. 이러다 꼬불꼬불나라 교민까지 공격하

지는 않을까 무섭습니다."

점원이 한숨을 쉬었어.

"저 사람들이 다 강도라고? 폭도라고?"

수염왕은 믿을 수가 없었어. 식품을 훔치고 있는 사람들은 어디서나 볼 수 있는 평범한 사람들이었어.

"저 사람들을 이해는 합니다. 슬그머니나라 국민 대부분이 굶주렸거든요. 몇 년 전부터 늘 식량이 부족했어요. 다이아몬드가 많이 나는데도 국민이 굶주린다니 정말 이상해요."

"낄낄왕이 워낙 무능하니까. 자기가 무능하다는 걸 숨기려고, 자기들이 가난한 이유를 우리 나라에 뒤집어씌우는 거지."

"국민의 관심을 돌리려고 전쟁까지 벌이려 하고요."

수염왕의 말에 진우동이 맞장구쳤어.

"이 사람들은 가짜 뉴스에 속고 있어요. 그나저나 교민이 위험에 처했는데, 우리 나라 대사는 무엇을 하는 건지 모르겠네요."

"대사가 뭘 하는지 곧 알게 될 거야."

수염왕이 식품점 바닥에서 뒹구는 빵 봉지를 들었어. 누군가의 발에 밟혔는지 납작하게 눌린 빵 옆으로 버터크림이 삐져나왔어. 진우동도 사람들 사이에서 초코바 하나를 겨우 찾았어. 두 사람은

점원에게 빵과 초코바 값을 주고 대사관으로 돌아왔어.

"대사관 직원 몽땅 다 교민들에게 전화하라고 해. 밤에는 밖에 나오지 말고, 혼자 다니지도 말라고."

"네. 더 위험해지면, 교민들을 대사관으로 피신시켜야 할 것 같아요."

"아예 우리 나라로 대피시킬까? 아무튼 자네는 본부에 이곳의 사정을 보고하고 어떻게 해야 할지 알려 달라고 해."

수염왕은 팔자수염에 묻은 버터크림을 손등으로 쓱 닦았어. 수염왕은 늘 정성스럽게 팔자수염을 씻고 다듬었어. 하지만 지금은 교민을 돕는 게 조금 더 중요했지.

"우리 나라 국민이 내 애국심을 알면, 다음번 큰대표로 날 뽑아 주겠지?"

버터크림이 묻은 손가락을 빨며 중얼거렸어.

> 아름 식품점 점원이 아기 출생 신고를 대사관 영사과에 했대요. 영사과랑 (총)영사관은 이름이 비슷해요. 하는 일도 비슷한가요?

앞에서 재외 공관은 세 종류가 있다고 했는데, 기억나니? 오, 그래. 대사관, (총)영사관, 대표부야. 친구들이 추측한 대로, 대사관 영사과는 (총)영사관과 비슷한 일을 해. 교민과 여행, 일 때문에 외국에 있는 우리 국민을 보호하고 돕지.

그럼 (총)영사관과 대사관 영사과에서 어떤 일을 하는지 하나씩 알아볼까?

결혼하면 혼인 신고를 해. 대한민국에서 결혼하면 시청, 구청, 읍사무소, 면사무소 등에 가서 신고하거나 우편으로 혼인 신고서를 보내지. 그런데 외국에서 결혼하면 어쩌지? 가장 가까운 (총)영사관, 대사관 영사과에 혼인 신고를 해야 해. 아이가 태어나면 출생 신고를 하지. 군 입대에 관한 일도 마찬가지야. 외국에 살더라도 국방의 의무가 있으니까. 또, 이사를 하면 이사한 곳의 행정 복지 센터에 전입 신고를 해. 외국에서는 (총)영사관이나 영사과에 신고하지. 내가 어디에 사는지, 정부에 알리는 거야.

다른 나라에 가려면 여권이 필요하지? 그런데 여권이 뭔지 아니? 원래 여권은 '외국에 갈 자격'을 증명하는 서류야. '여행 증명서'를 줄여서 여권이라 부르지. 여권은 외국에 간 사람이 어떤 사람인지 알리는 증명서기도 해. 여권을 보면 그 사람의 국적과 나이, 신분 등을 알 수 있어.

여권은 외교부 장관이 내줘. 범죄자이거나 자기 나라를 위험하게 할 수 있는 사람에겐 여권을 만들어 주지 않아. 그래서 여권은, '이 사람은 우리나라에서 신분을 증명하는 사람이니 다른 나라들도 이 사람을 보호해 주시오.'라고 부탁하는 서류이기도 하지. 그런데 외국에 있는 국민이 또 다른 나라에 가고 싶을 수 있잖아. 그때는 (총)영사관이나 영사과에 여권을 신청해서 받아.

비자는 여권과 반대 역할을 해. 자기 나라에 오려는 외국인을 받아들이겠다는 증명서거든. 그래서 입국 사증, 사증이라고도 해. 대한민국에 오려는 외국인이 있어. 그런데 이 사람이 범죄자여서 피해를 줄 수 있을 것 같아. 그러면 대한민국에서 비자를 주지 않아. 비자가 없으니, 그 외국인은 대한민국에 올 수 없지. 그래서 비자는 법무부 장관이 심사하고 발급해. 대한민국에 오고 싶은 외국인은 그 나라에 있는 대한민국 (총)영사관, 영사과에 비자를 신청해야 해.

2021년 10월 기준으로, 짧은 여행일 경우에 대한민국 여권만 있으면

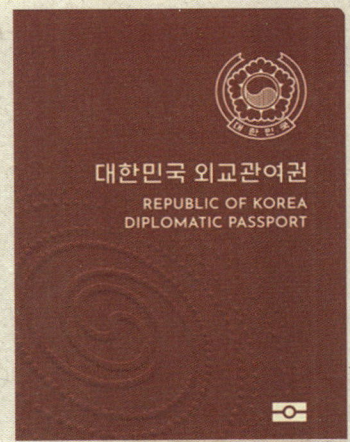

차세대 전자여권 [일반(남색), 관용(진회색), 외교관(적색)]

세계 200개 국가 중에 190개 국가를 비자 없이 갈 수 있어. 190개 국가의 법무부들이 대한민국 국민은 신분을 심사하지 않고도 입국을 허락하는 거야. 그만큼 세계에서 대한민국 국민을 믿는다는 뜻이지.

슬그머니나라에 사는 꼬불꼬불나라 교민들이 위험해요. 어떻게 해야 하나요?

꼬불꼬불나라 교민들이 위험에 처했어. 폭동이 일어나고 슬그머니나라 사람들이 교민들의 가게를 습격하고 도둑질을 해. 그러자 대사관에서 교민들을 도우려고 나서지.

정부의 가장 중요한 역할이 뭘까? 국민을 안전하게 보호하고 행복하게 살 수 있도록 돕는 거야. 국민이 국가의 주인이고, 정부는 국민을 대신해서 국가를 다스리는 거니까.

정부는 국민의 안전을 위해 다양한 일을 해. 다른 나라의 침략으로부터 국민과 영토를 지켜. 태풍, 지진, 홍수, 황사 같은 자연재해가 있을 때도 전염병, 조류 독감 같은 병이 퍼질 때도 정부가 국민을 보호하지. 도둑, 강도에게서도 국민을 보호해.

외국에 있을 때, 그 나라에 전쟁이 날 수 있어. 각종 자연재해를 겪을 수도 있지. 강도를 당하거나 폭행을 당할 수도 있어. 지갑이나 여권을 잃어버리고 곤란해질 수도 있지. 그럴 때도 자기 나라 정부가 국민을 보호하고 도와.

그런데 외국에 있는 국민 모두를 본국에 있는 정부가 직접 도울 수는 없어. 그래서 정부의 일부인 외교부, 외교부에 속한 재외 공관에서 일하는 외교관이 국민을 보호해. 외국 공관마다 홈페이지에 긴급 전화번호가 나와. 도움이 필요한 국민이 언제라도 연락할 수 있지.

외국에서 사고가 생기면, 사고를 당한 사람 중에 우리 나라 국민이 몇 명이나 있는지 등이 뉴스에 나와. 그 나라에 있는 외교관이 파악하는 거지. 또 위험한 일이 생기면 외교관은 재외 국민에게 안전 지침을 전해. 전쟁이나 폭동, 태풍, 지진 등 위험한 상황일 때, 교민과 여행자를 재외 공관으로 피신하게 해. 재외 공관은 다른 나라 사람은 마음대로 들어올 수 없거든.

2019년 12월 중국 우한에서 신종 코로나바이러스가 발생했어. 신종 코로나바이러스는 감기의 일종이야. 열과 기침이 나고 목이 붓고 아프지. 하지만 처음 발견된 감기의 일종이라 약이 없었어. 금세 신종 코로나바이러스가 여기저기로 퍼졌고, 우한은 폐쇄되었어. 우한에 있는 감염자가 다른 곳으로 병을 전염시키면 안 되니까. 그래서 우한에 있는 외국인도 자기 나라로 돌아갈 수 없었어. 그러자 대한민국 외교부는 중국과 협상해서, 대한민국 전세기가 우한에 들어갈 수 있게 했어. 그리고 우한에 있는 대한민국 총영사관은 교민들이 우한을 드나들 수 있게 임시 통행증을 받을 수 있게 했지. 드디어 대한민국 교민들은 본국에서 보낸 비행기를 타고 바이러스 발생지인 우한을 탈출할 수 있었어. 국민을 보호하고 도와주는 외교관이 있어서 든든하지?

수염왕의 외교 노트

(총)영사관, 대사관 영사과는 외국에 있는 국민을 돕고 보호하는 일을 한다.
여권은 외국에 나갈 자격이 있는 사람이라는 증명서다.
비자(사증)는 자기 국가로 들어올 자격이 있는 사람이라는 증명서다.
(비행기표를 (총)영사관이나 대사관 영사과에서 사려는 사람은 없겠지?)

여권이 없다면, 어떤 일이 벌어질까?

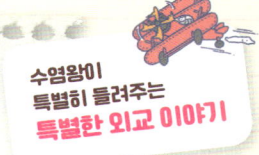

오늘은 진우동이 「터미널」이란 영화를 소개해 줬어. 2004년에 만든 영화라, 보고 싶지 않았는데 오늘따라 심심하더라고. 그래서 봤어. 재밌고 국가와 주권, 여권, 비자가 뭔지 알려 주는 영화였어. 소개할 테니, 잘 들어 봐.

영화 주인공은 빅터라는 사람이야. 동유럽 공산 국가 크라코지아 사람이지. 사실 크라코지아는 꼬불꼬불나라처럼 가상의 국가야. 아무튼 빅터는 돌아가신 아버지의 소원이었던, 색소폰 연주자의 사인을 받으러 미국에 와. 문제는 빅터가 비행기를 타고 뉴욕에 오는 동안, 크라코지아에서 쿠데타가 일어난 거야. 그 바람에 크라코지아 국민이 받은 여권은 모두 효력이 사라졌어. 여권은 정부가 그 사람의 신분을 증명하는 서류인데 쿠데타가 일어나서 정부가 사라져 버렸으니, 여권의 효력도 사라진 거지. 비자를 발급해 준 미국도 빅터의 비자를 취소해 버려. 비자는 자기 나라에 와도 될 자격이 있는 사람에게 주는 증명서인데, 정부가 사라진 빅터

는 믿을 수 없게 된 거야. 졸지에 빅터는 무국적자가 됐어. 국가가 없는 사람이 돼 버린 거지.

빅터는 이런 사실을 전혀 모른 채 미국의 존 F. 케네디 국제공항에 도착해. 하지만 공항 입국 담당자는 빅터가 미국에 들어가지 못하게 막지. 여권도, 비자도 효력이 없어졌으니까. 하지만 문제는 여기서 끝나지 않아. 크라코지아는 전쟁 중이라, 그곳으로 가는 비행기가 다 취소된 거야. 빅터는 미국으로 들어갈 수도, 고국으로 돌아갈 수도 없게 됐어. 에효, 비록 영화지만 빅터의 사정이 안타깝더라고. 크라코지아에서 쿠데타를 일으킨 사람들도 밉고. 역시 안전하고 믿음직한 국가의 국민인 건 행운이라니까.

어쩔 수 없이 빅터는 존 F. 케네디 국제공항에서 생활해. 공항 밖으로 한 발짝이라도 나가면 체포될 거고, 그럼 어딘지도 모를 국가로 강제 추방될 테니까. 다행히 빅터는 놀라울 정도로 공항 생활에 잘 적응해. 공항 서점에 있는 책으로 영어 공부도 하고, 공항 직원들과도 친해지지. 하지만 언제까지 공항 생활을 해야 할지 몰라 답답하기도 해.

어느새 공항에서 산 지 9개월째야. 크라코지아 내전이 끝나고, 빅터의 여권은 다시 효력이 생겼어. 비행기도 크라코지아로 갈 수 있게 되었고. 하지만 9개월 전에 받았던 비자는 효력이 다했지. 비자가 없으니 빅터는

미국으로 들어갈 수 없어. 크라코지아로 돌아갈 수밖에 없지.

그런데 공항에서 사귄 친구가 도와줘서 임시 비자를 받게 된 거야. 단 하루만 미국에 머물 수 있는 비자야. 방해하는 사람들이 있지만, 빅터는 친구들의 도움으로 드디어 미국 땅에 발을 디뎌. 그리고 아버지가 좋아하는 색소폰 연주자를 찾아가서 사인을 받아. 마침내 9개월 만에 집으로 돌아가지.

내가 좀 조사를 해 보니, 「터미널」은 실제 있었던 사연을 영화로 만든 거였어. 프랑스의 샤를 드골 국제공항에서 1988년부터 2006년까지, 자그마치 18년 동안 살았던 이란 사람이 있었다는군. 내가 좋아하는 대한민국에서도 비슷한 일이 있었어. 앙골라 가족 여섯 명이 입국을 못 하고 인천국제공항에서 10개월 정도 살았대.

여권은 종이 몇 장으로 만든 수첩이야. 비자는 여권에 찍힌 도장 자국일 뿐이지. 하지만 여권과 비자가 아주 중요해. 빅터를 떠올리라고!

6
꼬불꼬불나라를 소개하지
_대한민국 러시아 수교 30주년 기념행사

"성실해 비서, 나야. 지금 당장 회사 창고에 있는 꼬불꼬불면을 슬그머니나라로 보내, 몽땅 다!"

수염왕이 꼬불꼬불나라에 있는 자신의 회사에 전화를 걸었어.

"뭐라고? 자네는 여전히 눈치가 없군. 이곳 대사관에도 눈치 없는 서기관이 있는데, 왜 내 주변엔 항상 눈치 없는 직원이 있을까. 꼬불꼬불면을 왜 낄낄왕에게 보내? 당장 이곳으로 보내."

수염왕이 전화를 끊었어.

진우동이 사무실 문을 노크하고 안으로 들어왔어.

"본부에 보고했습니다. 그런데 대사님, 이곳 외교부에서 지금 오시랍니다."

"엥? 자네, 어디에 보고한 거야? 이곳 상황을 우리 나라 외교부에 보고하라고 했더니, 이 나라 외교부에 보고한 거야?"

"아닙니다. 외교부 국장이 납치된 우리 어선에 관해 할 얘기가 있답니다."

"엥? 우리 어선을 납치했으면서 자기들이 와서 사과하고 당장 풀어 줘야지, 감히 나를 오라 마라 해? 할 말 있으면 자기들이 오라고 해."

"대, 사, 님!"

"알았어, 갈게. 거참 귀찮구먼."

"참으로 유감입니다. 당신네 해적선들이 우리 나라에 들어올 식량을 모조리 가로채고 있어요."

슬그머니나라 빠빠 외교부 국장이 얼굴을 찡그렸어. 빠빠는 낄낄왕의 사촌 동생이야.

"자꾸 해적선이라고 하는데, 해적선이 아니라 오징어잡이 어선이죠."

"참 어이없군요. 꼬불꼬불나라 해적선이 우리 나라 배를 노략질하는 건 세상 사람이 다 압니다. 그러니 손해를 배상하고, 공개적으로 사과하십시오. 물론 해적들은 우리 법에 따라 엄한 벌을 받을 겁니다."

"해적이 아니라, 선량한 어부들이라니까요."

수염왕은 슬금슬금 화가 치밀었어.

'이 거짓말쟁이야! 너희가 가난한 이유를 우리 나라에 뒤집어씌우려는 속셈이잖아.'라고 소리치고 싶었지. 하지만 외교관이 되니까, 하고 싶은 말을 다 할 수 없어. 꼬불꼬불나라에 피해를 줄 수도 있으니까.

"우리 선원들을 만나게 해 주세요. 그들 말도 들어 봐야죠."

"해적, 해적이라니까요. 그리고 손해 배상, 사과 발표가 먼저입니다. 해적 면회는 금요일에 하십시오. 그만 돌아가세요."

빠빠가 앉은 채로 의자를 휙 돌렸어.

수염왕의 팔자수염이 둥글게 말렸어. 촘촘하게 말린 팔자수염 옆의 콧구멍에서 콧김이 맹렬하게 뿜어져 나왔어. 수염왕의 손이 바들바들 떨며 빠빠가 앉은 의자 등받이로 향했어.

헉. 진우동이 깜짝 놀라, 수염왕을 밖으로 이끌고 나왔어.

"내가 왕이었을 때, 슬그머니나라를 쓸어 버렸어야 했어. 그랬다면 감히 내 앞에서 의자를 돌리는 짓은 하지 못했을 거야."

수염왕이 이를 뿌득 갈았어.

일주일 뒤, 수염왕이 주문한 꼬불꼬불면이 대사관에 도착했어.

"우와! 이게 몇 개예요? 꼬불꼬불면산이네요. 제가 본 산 중에 제일 아름다워요."

가랑비가 대사관 마당을 가득 채운 꼬불꼬불면 상자를 보며 입을 다물지 못했어.

"교민회에 도와 달라고 전화하게. 교민들이 이곳 주민들에게 꼬불꼬불면을 나눠 주는 거야."

"아, 그럼 우리 나라가 식량을 빼앗는다던 주민들의 오해가 풀리겠군요. 우리 교민들과 사이도 좋아지고요."

"그렇지. 내 뛰어난 아이디어와 내 꼬불꼬불면 덕분이지. 크크크."

수염왕은 오랜만에 잘난 척을 해서 기뻤어. 그동안 수염왕과 대사관 직원들은 선원들을 위해 바쁘게 일했어. 외교부 본부에 상황을 알리고, 어선의 선원들을 만나 위로했어. 슬그머니나라 언론사들과 인터뷰해서 사실을 알렸어. 어선을 해적선이라 말하는 뉴스, 기사에 대해서는 정정 보도를 요구했지.

"이래서 언론이 중요한 거야. 사실을 알려 줘야 하는데, 거짓말로 국민을 속이잖아. 우리 나라 때문에 자기들이 가난하다니, 말도

안 되는 소리지."

"그래서 말인데요. 우리 나라에 대한 오해도 풀고, 우리 문화를 소개할 수도 있는 행사를 하면 어떨까요?"

"다음 달 23일이 우리 나라와 슬그머니나라가 수교한 날입니다. 수교 기념 문화 행사를 해서, 이곳 주민들에게 우리 문화를 소개하는 겁니다."

가랑비가 제안하자, 기다렸다는 듯이 진우동이 거들었어.

"괜히 일만 많아지는 거 아냐? 얼마 전까지도 우리 나라를 침략하려 했던 사람들이잖아. 교민들의 가게를 습격하고 대사관 앞에서 시위하고. 그런 사람들이 우리 문화에 관심이 있을까?"

"이곳 젊은이들 사이에서 우리 나라 드라마, 가요, 영화, 게임이 인기가 많습니다."

"그래? 그럼 준비해 봐."

"당장 준비하겠습니다. 꼬불 문화원과도 상의하겠습니다."

"우리 교민들도 행사에 참여할 겁니다."

진우동과 가랑비는 신났어. 그동안 나쁜 일이 많았는데, 슬그머니나라 사람들과 친해질 기회가 생겼잖아.

"교민들이 행사를 적극적으로 돕겠답니다. 꼬불꼬불면 덕분에 슬그머니나라 주민들과 사이가 좋아졌대요."

가랑비가 보고했어.

"당연하지. 내 꼬불꼬불면은 아침 점심 저녁마다 먹어도 간식으로 또 먹고 싶을 만큼 맛있거든."

"교민들이 전통 의상을 입고, 전통 음식을 만들고, 전통 놀이도 소개하겠답니다."

"잘됐군. 진 보좌관은 보고 안 해?"

"꼬불 문화원에서는 영화와 드라마를 무료로 상영한답니다."

진우동이 보고했어.

"좋아, 좋아. 우리 나라의 전통문화와 현대 문화를 다 알릴 수 있겠어. 빨리빨리 진행해."

수염왕은 문화 행사가 기대됐어. 욕하고 싸우는 건 이제 지긋지긋해.

열심히 행사를 준비하다 보니, 어느새 슬꼬 수교 기념 문화 행사를 하는 날이야.

"흑. 아빠, 엄마……."

수염왕이 대사관저 1층에 전시된 그림을 보며, 두 손으로 입을 막았어. 울음이 터질 것 같았지.

그림은 꼬불꼬불나라 왕의 결혼식 장면을 표현했어. 수염왕보다 훨씬 어려 보이는 부모님은 환호성을 지르는 군중 앞에서 손을 흔들고 있어.

"우와! 이 조각상 좀 봐요. 당장이라도 이 유리창을 뚫고 달려 나올 것 같아요."

슬그머니 사람들이 말 탄 무사의 조각상 앞에서 소곤댔어.

"그 조각상은 사방대륙을 호령했던 광풍수염대왕의 모습이라오."

수염왕이 설명했어.

"이 도자기와 벽시계는 황금성의 무도회장을 장식했던 거요. 문화재 제25호랑 제309호지."

수염왕은 꼬불꼬불나라 문화재 전시회에 온 관람객에게 설명했어. 흐뭇하고, 추억도 떠올랐어.

그때 씰룩씰룩 수염왕의 코가 움직였어.

"으흠! 행복한 냄새!"

수염왕이 냄새를 쫓아 뒷마당으로 나갔어. 이미 축제를 즐기는

사람으로 발 디딜 틈이 없었어.

"교민들이 전통 음식을 만들고 있습니다."

진우동이 다가왔어. 손엔 햄과 고기, 떡과 채소를 꿴 꼬치가 들렸어.

"나도 알아. 참, 사람들이 몰려오기 전에 내가 먼저 먹어야지. 음, 나 정말 꼬불꼬불나라 전통 음식을 먹고 싶었어."

"이 주변 주민도 오고, 축제를 알리는 전단을 보고 멀리에서 온 사람도 있습니다. 교민도 많이 참석했고요."

"저 사람들은 낯이 익은데? 내가 아는 사람인가?"

수염왕이 줄다리기를 준비하는 사람들을 가리켰어.

"대사관 앞에서 시위하던 사람들이에요. 제가 초대했습니다."

진우동이 속삭였어.

어제까지만 해도 '꼬불꼬불나라는 물러가라.'라며 거세게 구호를 외쳤던 사람들이야. 하지만 지금은 모두의 얼굴에 웃음이 가득했어. 그동안 불안에 떨던 교민들도 즐거워 보였지. 전통 음식을 만드는 사람, 전통곡을 연주하는 사람, 슬그머니나라 사람들에게 전통 놀이를 하는 방법을 알려 주는 사람 등 모두 얼굴에 웃음꽃이 피었어.

"이 음식은 이름이 뭐죠? 정말 달콤하고 짭조름한 게 별미네요."

젊은 부부가 음식을 만드는 꼬불꼬불나라 교민에게 물었어.

"단짜치킨이에요. 어린 닭에 잘 숙성한 간장과 꿀을 발라 화덕에 구웠죠. 이 음식도 맛보세요. 오색빈대떡인데 다섯 가지 맛을 한 번에 느낄 수 있답니다."

교민의 설명을 듣고, 주변에 있던 슬그머니나라 사람들까지 음식 앞으로 모였어.

"음, 역시 맛있는 음식은 사람을 행복하게 만들어. 음, 행복해!"

수염왕이 튀긴 쌀에 초콜릿을 씌운 전통 과자를 입에 넣었어. 음, 고향의 맛이야.

"이제 줄다리기를 시작하나 봅니다. 단체 놀이는 역시 줄다리기죠."

진우동이 흥분해서 외쳤어. 수염왕도 신이 났어.

"좋아! 승리한 팀에겐 꼬불꼬불면을 한 상자씩 선물할게."

수염왕이 외쳤어.

"와! 꼬불꼬불면 최고! 꼬불꼬불나라 최고!"

사람들이 사방에서 웃으며 손뼉 쳤어. 수염왕은 처음으로 대사가 되길 잘했다고 생각했어.

주슬꼬불 대사관에서 문화 행사를 한다고요? 외교관이 문화 행사도 하나요?

외교관은 자기 나라를 대표해서 다른 나라 대표와 정치 협상, 경제 협상 등을 하는 사람이지? 그런데 외교관은 일반 국민에게도 외교를 해. 문화 외교지. 똑같은 제품이지만, 그 제품이 독일, 프랑스, 이태리 등에서 만든 제품이면 더 좋게 느껴지고 후진국 제품이면 질이 낮은 것처럼 느껴져. 국가 브랜드(명성, 인기)가 다르기 때문이야. 국가 브랜드의 가치를 높이려면 먼저, 그 국가가 어떤지 알려야 해. 문화를 소개하는 건, 국가를 알리는 좋은 방법이지.

국가들은 저마다 역사, 문화, 생각 등이 다 달라. 서로를 이해하기 힘들지. 대한민국엔 조상의 혼령에게 음식을 바치고 절을 하는 제사라는 풍습이 있어. 하지만 다른 나라에선 제사를 미신이라고 생각할 수 있어. 힌두교 신자는 쇠고기를 먹지 않고, 이슬람 신자는 돼지고기를 먹지 않아. 난 맛있기만 한데 말이야. 만약 내가 이슬람 신자를 집에 초대해서 돼지갈비를 대접했다면……? 손님은 난처하고 불쾌할 거야. 난 정성껏 만들어 대접한 돼지갈비를 손님이 먹지 않으니 기분이 상하겠지. 하지만 이슬람 신

전통 놀이 투호를 하는 모습

　자 문화를 미리 내가 알았다면, 아예 돼지고기 음식을 대접하지 않았을 거야. 서로 기분이 나쁠 일도 없지. 이처럼 상대방의 문화를 알면, 서로를 더 잘 알게 되어서 갈등을 줄여 줘.

　그럼 어떻게 문화를 알릴까? 문화 외교는 공연을 주로 해. 전통 음악과 전통 무용을 공연하는 거지. 문화재나 미술 작품, 사진 전시회도 하고, 드라마와 영화를 상영하기도 해. 널뛰기, 투호, 그네 타기 같은 전통 놀이를 체험하거나 전통 음식을 직접 만들고 맛보는 체험전도 있고. 강의도 해.

　대한민국 대사관, 한국 문화원에선 한글, 태권도, 국악, 서예, 요리 등

배우고 싶어 하는 외국인이 많아진 한글

을 가르쳐. 특히 대한민국 드라마, 게임, 가요, 영화 등이 인기가 많아지면서 한글을 배우고 싶은 외국인이 많아지고 있어.

　워싱턴에 있는 주미국 대한민국 대사관저는 전통 주택인 한옥의 모습을 담고 있어. 기와지붕과 서까래, 나무 막대를 얼기설기 엮은 창호, 항아리를 모아 놓은 장독대 등이 있지. 대사관저를 방문하는 사람들에게 한옥을 알리는 거야.

　문화를 알리면 좋은 점이 또 있어. 문화 상품을 포함해서 다양한 상품을 수출하는 데도 도움이 되거든. 외국인이 대한민국 드라마를 보고, 그

드라마에 나온 음식과 상품을 많이 샀다고 해. 드라마에 나온 장소를 직접 보기 위해 대한민국에 온 여행객도 많아. 외교관은 본국의 문화를 주재국에 알리는 역할을 하지만, 주재국의 문화를 자기 나라 국민에게 알리는 역할도 해. 국민이 다양한 문화를 접하고 또 여러 나라를 이해하게 돕지. 예를 들면 대한민국 영화를 콜롬비아에서 상영하고, 콜롬비아 영화를 대한민국에서 상영하는 거야. 다른 나라의 문화를 알면 다양한 음식, 예술, 스포츠 등을 즐길 기회가 생겨. 무엇보다 그 나라에 대해 더 잘 알게 되고, 친근하게 여기게 되지.

스포츠 외교라는 말을 들었어요. 스포츠 외교는 뭔가요?

올림픽, 월드컵, 아시안 게임 등 다양한 국제 스포츠 대회를 하는 이유가 뭘까? 누가 세계에서 1등인지 알아내기 위해서일까? 물론 그 이유도 있지만, 국제 스포츠 대회는 외교의 장이기도 해. 자기 나라를 세계에 홍보하고 다른 국가의 대표들을 만나 외교도 하지. 내가 처음 올림픽을 봤

올림픽 정신을 잊지 말자!

을 때야. 지구에 이렇게 국가가 많았나 싶어서 깜짝 놀랐어. 처음 들은 국가 이름도 많았지.

국가들은 역사, 풍습, 생각 등이 다르다고 했지? 그런데 스포츠는 똑같은 규칙을 지키며 모두가 함께 즐겨. 다양한 경기를 보며 다른 국가 선수를 응원하기도 하고, 최선을 다해 경기하는 선수들을 보며 감동하기도 해. 선수들의 국가에 관해서도 관심을 두게 되지. 몰랐던 국가를 알게 되고, 관심 없던 국가가 좋아지기도 해.

국제 스포츠 대회는 세계 평화에 도움을 주기도 해. 그래서 세계 대전이 벌어지는 동안에도 올림픽이 열렸어. 전쟁터에선 적이지만, 실제론 함께 스포츠를 할 수 있는 똑같은 사람이라는 걸 깨닫게 하잖아.

평창 동계 올림픽에 함께 입장하는 남북한 선수단

　2018년 대한민국 평창 동계 올림픽에 참가하지 않겠다는 국가들이 있었어. 전쟁이 일어날지도 모르는 불안한 국가에 갈 수 없다는 거야. 북한이 핵무기를 개발하고 미사일을 쏘면서, 주위 나라들을 불안하게 했거든. 하지만 대한민국 정부와 올림픽 위원회 등의 노력으로 북한이 평창 동계 올림픽에 참여했어. 북한 선수들이 경기에 최선을 다하는 모습을 보며, 전쟁의 공포를 느낀 사람은 없었을 거야. 올림픽 이후, 대한민국 대통령과 북한 주석이 만나는 등 두 나라는 조금씩 가까워지고 있지.
　평창 동계 올림픽에 나이지리아 선수도 참석했어. 눈이 내리지 않는 나이지리아에서 눈썰매를 타는 봅슬레이에 출전한 거야. 많은 사람이 나이지리아 선수단을 응원했어. 주나이지리아 한국 문화원은 스포츠 관계자와 주민들을 초대해서 나이지리아 선수단을 응원하는 행사도 했어. 문화원 안에 있는 커다란 화면으로 올림픽 개막식을 생중계해서 나이지리아 주민들이 볼 수 있게 했지. 나이지리아 국민은 한국 문화원에 감사했어. 그들은 대한민국에 더 관심이 생기고 더 좋아하게 됐을 거야.

국제 행사에서 자기 나라 문화를 소개하기도 해. G20 정상 회의는 세계 경제를 이끄는 20개 국가가 모이는 행사야. 대한민국에서 G20 정상 회의가 열렸을 때, 태권도 시범을 선보였지. 경제 협상, 문화 외교, 스포츠 외교……. 외교의 세계는 참 다양하지?

수염왕의 외교 노트

문화, 스포츠로도 외교를 한다.
외교관은 본국의 문화를 주재국 국민에게 소개한다.
외교관은 주재국의 문화를 본국 국민에게 소개한다.
(꼬불꼬불면은 국경을 뛰어넘는 맛이야! 세계 모든 사람이 좋아하지. 내가 꼬불꼬불면을 만든 건 알지? 큭큭.)

대한민국 러시아 수교 30주년 기념행사

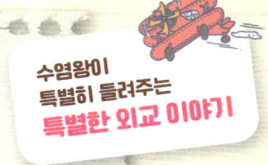

꼬슬 수교 기념 문화 행사를 준비하면서, 다른 나라들은 이런 행사를 어떻게 하는지도 조사했어. 그중에 대한민국과 러시아의 수교 30주년 기념행사를 소개할래.

대한민국과 러시아는 1년 전부터 수교 기념행사를 준비했어. 수교 기념행사를 담당할 준비 위원회까지 만들었더라고. 두 국가는 국민에게 수교를 기념하는 표어(슬로건)도 공모했어. '우정과 신뢰로 함께 빚는 미래'가 선정되었지. 공동 기념 로고도 만들었는데, 대한민국의 경복궁과 러시아의 성 바실리 대성당을 활용했어. 두 국가의 전통 건축 양식을 담았지.

두 국가의 오랜 인연을 강조하는 행사도 있더군. 블라디보스토크시와 대한민국 총영사관이 블라디보스토크에 대한민국 독립운동가인 이동휘 선생의 기념비를 세우기로 한 거야. 난 이 행사가 특히 마음에 들었어. 슬그머니나라 그림자 성 앞에 내 동상을 세우는 거야. 알다시피 난 두 국가의 전쟁을 막은 영웅이잖아. 하지만 낄낄왕이 반대했어. 소문에는 꼬불꼬

불나라 국민도 반대했대. 내 위대한 외교 업적이 본국에 알려지지 않았나 봐. 속상하구먼!

상트페테르부르크에 있는 대한민국 총영사관은 두 국가를 연결하는 사람과 문화 이야기를 소개했어. 바로 러시아 유명 발레단에서 활동하는 대한민국 김기민의 이야기야. 이런 이야기들을 알면, 상대 국가가 더 친근하게 느껴질 거야.

대한민국 문화원은 러시아에서 활동하는 고려인 문학가들의 작품과 고려인 강제 이주와 관련 있는 작품을 소개한대. 1937년 러시아 정부는 러시아에 살던 고려인들을 강제로 이주시켰어. 그 당시에 러시아 사람들은 대한민국 사람을 고려인이라 불렀나 봐. 어쨌건 좋은 일이든, 힘든 일이든 두 국가가 얽힌 역사를 아는 건 서로를 이해하는 데 도움이 되지.

두 국가에서 음악회와 전시회도 이어졌어. 러시아 음악을 소개하는 음악회가 대한민국에서 여러 번 열렸어. 대한민국은 러시아에서 K 콘서트를 열지. 대한민국 상품전도 한다니, 기업들이 러시아에 수출하는 데 도움이 될 거야.

제일 재밌었던 건 『이상한 나라의 앨리스』를 가상의 세계에서 체험하게 한 전시야. 러시아 최고의 예술과 디지털 기술이 합쳐져서 환상의 세계를 만들었더라고.

피지털 아트 앨리스, 이상한 나라로 돌아오다의 한 장면

그런데 수교 행사는 문화를 주고받는 것으로 끝나지 않더군. 대한민국은 수교 기념행사를 기회로, 러시아에 경제 협력을 늘릴 계획이야. '아홉 개 다리 행동 계획'이라나. 솔직히 이름이 웃겨서 처음엔 무시했는데 내용을 보니, 꼬불꼬불나라가 배울 만한 으리으리한 계획이었어. 두 국가가 철도와 전기, 조선, 가스, 항만, 북극항로, 농림, 수산, 산업단지 분야에서 협력하기로 했대.

대한민국 러시아 수교 30주년 기념행사를 보고 느낀 건, 외교는 정말 다양한 분야에서 이뤄진다는 거야. 또 외교관은 할 일이 무지무지 많다는 거지.

7
경제 협상이 '라면' 꼬불꼬불면이지
_언젠가, 어디에선가 들어본 듯한 국제 경제 기구들

"두 달 전만 해도 전쟁을 일으키려고 난리더니 슬그머니나라답게 전쟁의 기운이 슬그머니 사라지고, 이젠 두 나라가 경제 협상을 하는군. 국제 정세는 정말 휙휙 바뀐다니까."

수염왕이 팔자수염을 매만졌어.

"국가 간의 경제 협상도 외교관의 일이죠. 오늘 협상이 잘될까요?"

"걱정 마. 나, 수염왕이야. 정치 천재, 외교 천재, 경제 천재 게다가 귀엽고 사랑스럽고 말도 잘해. 그나저나 내가 아무리 잘해도 꼬불꼬불 국민이 모르면 소용없잖아. 내 업적이 널리 알려져야 다시 큰대표 선거에 나갈 텐데."

"네에? 큰대표 선거요? 진짜요?"

"그럼 내가 그 정도 꿈도 없이 적국에 와서 이 고생을 하겠어? 꼬

불꼬불나라의 수염왕 큰대표, 유엔 총회에서 연설도 하고 제일 앞자리에 앉고……. 멋져! 나에게 딱 어울려!"

수염왕이 눈을 지그시 감았어.

"슬그머니나라의 경제 협상단이 도착했습니다. 회의실로 가시죠."

"파이팅! 우리 국민이 먹을 명태가 내게 달렸다, 내 꿈도!"

수염왕이 문을 박차고 나갔어.

꼬불꼬불나라와 슬그머니나라 협상단이 테이블을 사이에 두고 마주 앉았어. 수염왕이 가운데 앉고 양옆으로 진우동과 가랑비가 앉았어. 두 사람은 공책을 펼치고 펜을 들었어. 맞은편엔 슬그머니나라 협상단장인 깔깔 경제부 국장과 비서, 그리고 외교부 실장이 앉았어.

"꼬불꼬불나라 어선들이 우리 바다에 들어와서 명태를 쓸어 가고 있어요. 참고 참았지만, 더는 참을 수 없어서 우리 해경이 불법 조업을 하던 당신네 어부를 교도소에 가뒀죠."

깔깔이 뾰족한 손톱으로 테이블을 톡톡 두드렸어.

"뭐야, 어제까지만 해도 어선이 아니라 해적선이라고 우기더니

지금은 명태를 잡는 불법 어선이라고?"

수염왕이 진우동에게 속삭였어.

"명태는 우리 꼬불꼬불나라 국민이 가장 좋아하는 어류입니다. 온난화 때문에 바닷물이 따듯해져서, 우리 바다를 지나가던 명태 떼가 슬그머니나라 바다 쪽으로 옮겨 갔죠. 그래서 명태잡이 어선들이 명태를 따라갔고요. 혹시 불법 조업이 있었다면 진심으로 사과합니다."

수염왕이 고개를 숙였어.

"하지만 늘 먹던 명태를 갑자기 못 먹게 되니, 우리 국민이 아주 아쉬워합니다. 우리 국민의 밥상엔 늘 명태조림이 올라왔습니다. 그러니 명태를 잡게 양해해 주길 바랍니다."

"그럼 우리에겐 뭘 줄 거죠?"

깔깔이 물었어.

"게요."

수염왕이 진지하게 대답했어.

"푸들? 진돗개? 몰티즈? 혹시 불도그……?"

"꽃게요."

수염왕이 다시 진지하게 대답했어.

"아뇨, 아뇨. 그 정도론 부족해요. 그동안 꼬불꼬불나라 어선이 불법으로 잡아간 우리 명태가 얼마나 많은데요. 명태값부터 물어내요. 그리고 꼬불꼬불나라 큰대표가 사과도 해야 해요. 명태를 훔쳐 가서 죄송하다, 이렇게 전 세계 사람에게 알리세요."

"엥? 큰대표가 무슨 죄를 지었다고 사과를 해? 큰대표는 명태 알레르기가 있어서 명태를 먹어 본 적도 없을 텐데."

수염왕은 어이가 없었어.

진우동이 수염왕의 팔을 살짝 건드렸어.

"흠흠, 죄송합니다. 제가 혼잣말을 한다는 것이, 목소리가 너무 컸습니다. 음, 그럼 명태값은 얼마면 되겠습니까?"

"50년 동안 우리 어선이 꼬불꼬불나라 바다에서 꽃게를 마음껏 잡을 수 있게 해 주세요."

"엥? 50년 동안이나? 그건 너무 길어, 요. 우리 바다에서 꽃게를 다 잡아갈 생각이냐, 요?"

"그건 우리가 알 바 아니죠. 명태 대신 꽃게, 아주 공평합니다. 거기에 큰대표의 사과 발표."

"아니 솔직히, 우리 어선이 슬그머니나라에서 명태를 잡았다는 증거가 있습니까? 우리 어부들의 말로는, 공동 수역에서 잡았다고

했습니다. 우리 해경과 해군 역시 그렇게 말했고요."

"뭐죠? 이제 와서 발뺌하는 거예요? 이렇게 우길 거면 이 협상은 그만두죠."

"그럽시다."

깔깔과 수염왕이 서로 노려보았어.

"두 분 모두 진정하십시오. 나라를 대표해서 경제 협상을 하는 대표들이 이렇게 감정적이어서야 되겠습니까. 20분 동안 쉬고 다시 만나는 게 어떨까요?"

슬그머니나라 외교부 실장이 깔깔에게 물었어. 깔깔은 여전히 수염왕을 노려보면서, 고개를 끄덕였어.

"낄낄왕을 닮아서 사촌 동생 빠빠, 사촌 여동생 깔깔도 하나같이 무례하구먼! 아냐, 이게 다 내가 큰대표가 아니기 때문이야. 역시 큰대표가 되어야 무시를 안 당해."

수염왕의 팔자수염이 또르르 말려 올라갔어.

"그건 아니……. 아무튼 뜬금없이 우리 큰대표에게 사과하라니, 그런 말도 안 되는 억지가 어디 있습니까? 큰대표는 우리 국민 전체의 대표입니다. 큰대표의 사과는 우리 국민 전체가 사과하는 거

랑 똑같아요. 불법으로 명태를 잡았다는 증거도 없으면서……. 애초에 우리 대사관에서 '불법으로 조업한 적 없다.'라고 강하게 주장해야 했어요. 가만히 있으니까 우리를 가마니로 보는 것 아닙니까!"

가랑비도 흥분해서 목소리가 커졌어.

"가마니……? 내가 가마니가 된 거야? 내 이놈들을 그냥 두지 않겠다!"

수염왕도 흥분해서 공중에 두 주먹을 휘둘렀어.

"제발 진정하세요. 앞으로 어떻게 협상해야 할지 계획부터 세워야죠. 큰대표의 사과도, 50년간 꽃게를 잡는 것도 받아들일 수 없잖습니까? 그렇다고 협상을 무산시킬 수도 없고요."

진우동이 한숨을 쉬었어.

"내가 누구야? 내가 입만 열면……."

수염왕이 거들먹거리자, 진우동이 황급히 막았어.

"금동왕에게 한 것처럼 협박하시려고요? 절대 안 됩니다!"

"왜? 내 말 한마디면, 깔깔이 내가 하라는 대로 다 할걸?"

"단 한 번뿐인 협상이라면 협박이나 거짓말을 해서라도 이기는 게 좋을 수 있죠. 하지만 외교 관계는 오래도록 지속됩니다. 그 국

가가 사라지는 게 아니니까요."

"참 멋진 말입니다. 흥분했던 제가 부끄럽습니다."

가랑비가 고개를 끄덕였어.

"오홍오홍, 대사님께 배운 겁니다. 오홍홍."

"듣기 싫어. 진우동, 자네가 그동안 왜 안 웃었는지 이제 알겠구면. 웃음소리 바꿔! 그리고 걱정 마. 난 수염왕이야. 전화 한 통만 하면 된다고."

수염왕이 진우동에게 눈을 찡긋하더니, 전화기를 들었어.

양국 협상단이 다시 만났어.

"큰대표의 사과와 50년간 꽃게잡이, 좋습니다. 대신 앞으로 50년 동안 꼬불꼬불면을 슬그머니나라에 수출하지 않겠습니다."

"네? 그, 그게 무슨 말입니까? 꼬불꼬불면은 이번 경제 협상에서 상의할 물품도 아닌데, 갑자기 꼬불꼬불면을 우리 나라에 수출하지 않겠다니요?"

깔깔 경제부 국장이 화들짝 놀라 소리쳤어.

"저도 방금 알았습니다. 왕수염 회사에서 꼬불꼬불면이 부족하답니다. 그래서 아쉽지만, 슬그머니나라에는 수출을 못 하게 됐네

요. 다른 나라들에서도 워낙 인기가 많아서, 공급이 달린다나요?"

"뭡니까? 이건 마치 영국이 중국을 지배하기 위해 아편을 팔았던 것과 같습니다. 우리 슬그머니나라 국민은 하루 한 끼는 꼬불꼬불면을 먹는다고요. 저는 두 끼를 먹, 아닙니다. 어쨌건 우리 국민이 꼬불꼬불면을 못 먹게 된다면, 폭동이 일어날 것입니다."

깔깔의 얼굴이 하얗게 질렸어. 꼬불꼬불면을 못 먹게 되다니, 이건 너무 가혹한 일이야.

"하지만 어찌합니까? 왕수염 회사는 개인 회사인데 우리 정부가 이래라저래라 명령을 할 수도 없고요."

수염왕이 미소를 지으며 의자 등받이에 등을 기댔어.

외교부 실장이 깔깔에게 귓속말을 했어. 잠깐 고민하더니, 이번엔 깔깔이 외교부 실장에게 귓속말했지. 외교브 실장이 고개를 끄덕이더니, 다시 깔깔에게 귓속말을 했어. 깔깔이 고개를 끄덕였어.

"사람 앞에서 자기들끼리 귓속말을 하다니, 역시 예의를 모르는군."

수염왕이 고개를 저었어.

"좋습니다. 마음이 바다처럼 넓고 솜처럼 따듯하신 낄낄왕의 뜻에 따라, 저희가 양보하겠습니다. 큰대표의 사과는 요구하지 않겠

습니다. 올해 10월 10일부터, 우리 어선은 꼬불꼬불나라 바다에서 꽃게를, 꼬불꼬불나라 어선은 우리 바다에서 명태를 잡게 합시다. 잡는 양도 똑같이 하고, 기간은 5년으로 정하죠. 5년 뒤에 다시 협상하는 걸로 하고요."

"찬성입니다."

"그런데 우리 낄낄왕과 국민을 위로할 뭔가가 필요합니다."

"우리 꼬불꼬불나라가 지진으로 무너진 슬그머니나라의 항구를 수리해 주겠습니다. 우리 나라 건설 회사들이 수리할 겁니다. 이 정도면 낄낄왕과 슬그머니나라 국민도 만족하겠죠. 우리 국민도 이웃 나라를 돕는 것에 불만 없을 거고요."

"좋습니다. 그렇게 결정합시다. 협상문을 만들 테니, 10분 뒤에 다시 만나 사인합시다."

깔깔이 고개를 숙였어. 그러고는 협상단원들을 이끌고 회의실을 나갔어.

"역시 난 뭐든지 다 잘해. 큭큭큭."

수염왕이 의자 등받이에 등을 기대며 식은 차를 홀짝였어.

수염왕이 경제 협상을 한다고요? 외교관이 경제랑 어떤 상관이 있나요?

두 명, 혹은 두 집단 이상이 뭔가를 결정할 때 힘든 점이 있어. 모두가 자기가 원하는 대로 결정하길 원하잖아. 친구와 장난감을 바꾸기로 했어. 질려 버린 낡은 장난감을 친구에게 주고, 친구의 새 장난감을 받고 싶어. 그런데 친구도 재미없는 장난감을 내게 주고, 내 장난감 중에 제일 좋은 것을 받고 싶다는 거야. 장난감을 바꾸기는커녕 싸움만 났지.

그래서 어떻게 해야 공평하게 장난감을 바꿀 수 있을지 함께 고민했어. 결국 내 장난감 중에 친구가 가지고 싶어 하는 장난감과 친구 장난감 중에 내가 가지고 싶은 장난감을 바꾸기로 했지. 내 장난감이 좀 아깝기는 했지만, 친구에게 받은 장난감으로 재밌게 놀았지. 이렇게 모두를 만족시키는 방법을 찾아내는 과정이 '협상'이야.

협상을 잘하려면 상대방에 대해 잘 알아야 해. 친구가 가지고 싶은 장난감이 뭔지 알아야지. 그리고 친구가 어떤 장난감들을 가졌는지 알아야, 그중에 내가 가지고 싶은 것을 선택할 수 있어.

국가 사이의 경제도 마찬가지야. 그러니 협상을 잘하려면, 상대 국가에

다양한 캠페인과 행사로 자국을 홍보하는 주한 캐나다 대사관 인스타그램

대해 가장 잘 아는 사람이 필요해. 그런 사람이 누굴까? 그렇지. 바로 그 나라에서 일하는 외교관이야. 규모가 큰 경제 협상은 본국에서 온 경제 협상단이 하는데, 외교관이 함께 참여하지. 하지만 경제 협상이 필요할 때마다 본국에서 경제 협상단이 올 수는 없어. 그래서 작은 경제 협상은 외교관이 해.

외교관은 본국 상품을 주재국에 알리는 역할도 해. 외국에 사는 사람이 외교관의 나라에 어떤 상품이 있는지 잘 알 수 없잖아. 그래서 본국 기업들을 대신해서 상품을 외국에 소개해 줘. 상품 전시회도 하고 체험관을 열기도 해. 식품은 시식회도 하지. 대한민국 김치는 세계에서 인정하는 건강 음식이야. 대한민국 외교관들은 여러 나라에서 김치를 홍보하는 시식회를 열어. 대한민국에 있는 캐나다 대사관에서는 캐나다 육류 회사의 말 요리 시식회가 열린 적도 있어. 캐나다 육류 회사가 대한민국에 말고기를 파는 데 도움을 주기 위해서지.

외교관은 주재국에 자기 나라 기업을 소개하는 일도 해. 예를 들면, 주재국의 해저에서 석유가 나. 그런데 주재국에는 바닷속에 있는 석유를 뽑아낼 기술이 없어. 그럴 때 외교관이 본국의 건설 회사를 소개해 주는 거지. 대통령이 다른 나라에 갈 때, 여러 기업의 대표들을 데리고 가. 그 이유도 상대 국가에 자기 나라 기업을 소개하기 위해서야.

뉴스에서 '경제 분쟁'이란 말을 들었어요. 깔깔 경제부 국장처럼 자기 나라만 이익을 얻으려고 하면 경제 분쟁이 생기죠?

2011년 일본 후쿠시마 원자력 발전소가 파괴되었어. 발전소에서 나온 방사성 물질이 바다로 흘러들었지. 방사능에 오염된 바다에서 나온 수산물은 방사능에 오염될 가능성이 아주 커. 그런데 방사능이 아주아주 위험한 물질이잖아. 그래서 대한민국 정부는 후쿠시마 주변 바다에서 난 수산물을 수입하지 못하게 막았어. 일본은 대한민국에 항의하고 세계 무역 기구(WTO)에 대한민국을 제소했어. 억울하니 재판해 달라는 거지. 재판 결과, 대한민국이 이겼어.

2019년엔 일본이, 자기네 기업들이 대한민국에 반도체를 만드는 재료를 수출하지 못하게 막았어. 반도체를 만드는 대한민국 기업이 피해를 보았지. 이번엔 대한민국이 WTO에 일본을 제소했어. 두 국가의 외교부 장관도 만나 이 문제에 대해 협상했지. 대한민국 외교부는 주한 일본 대사를 초치해서 항의했지.

'초치'라는 말이 좀 어렵지? 초치는 항의할 일이 있을 때, 상대 국가의 외교관을 불러서 항의한다는 의미야. 슬그머니나라 빠빠 외교부 국장이 수염왕을 초치한 거 기억하지? 이처럼 국가들 사이에 경제 분쟁이 생기면, 대통령과 여러 부처가 함께 해결하려고 노력하지만 외교부의 역할이 가장 커.

국가들이 협상하는 모습을 보면, 커다란 탁자 양쪽에 두 나라의 협상단이 마주 보고 앉지? 가운데는 협상단장이 앉지. 그 옆에 앉은 사람은 열심히 뭔가를 적어. '반갑습니다.' 같은 첫인사부터 대화하는 모든 내용을 다 기록해야 하거든. 서로의 대화를 기록하지 않으면 잊을 수 있으니까. 이 기록을 가지고 정식 협상 기록을 만들어. 그래서 외교관은 기록을 잘하는 훈련도 받아.

수염왕이 슬그머니나라와 경제 협상을 할 때 '5년 동안 서로의 바다에서 명태와 꽃게를 잡을 수 있는 건데, 15년이라고 적었다면? 그 기록만 믿고, 5년이 넘었을 때 꼬불꼬불나라 어선이 슬그머니나라 바다에서 명태를 잡는다면……? 슬그머니나라 해경에게 슬그머니 잡혀갈지도 몰라. 그래서 외교관의 기록은 아주 중요해. 조선시대 사관이 왕의 곁에서 말과 행동을 모두 적은 기록(조선왕조실록)이 역사가 되었듯이 말이야.

수염왕의 외교 노트

외교관은 경제 협상에 참여한다.
외교관은 주재국에 본국의 상품과 기업을 알리는 역할을 한다.
외교관은 기록을 잘해야 한다. 외교관의 기록은 역사가 된다.
(ㄲ, ㄴ, ㄹ, ㅂ, ㅜ, ㄹ……. 으, 답답해! 정확하게 기록하려면 글씨도 빨리빨리 써야 한다고.)

언젠가, 어디에선가 들어본 듯한 국제 경제 기구들

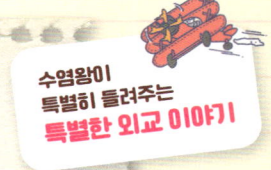

• **세계 무역 기구(WTO)**: 세계 무역 질서를 바로잡는 국제기구야. 대한민국과 일본이 서로 WTO에 제소한 것만 봐도, 국가들 사이에 무역 분쟁을 해결하는 곳이란 걸 알 수 있지? 그뿐 아니라 상품을 어떻게 무역할지 기준을 만드는 곳이기도 해. 특히 회원국 사이의 차별을 막아. 만약 대한민국이 미국 핸드폰을 수입할 때 관세(다른 나라에서 수입한 상품에 붙이는 세금)를 10% 받는다면, 중국 핸드폰에도 10%를 받아야 해.

또 수입한 상품과 국산품도 차별하면 안 돼. 예전에는 '국산품을 이용하자'는 캠페인이 많았어. 국산품을 홍보했지. 하지만 대한민국이 1995년에 WTO에 가입한 다음부터는, 정부가 국산품을 사용하자고 홍보할 수 없어.

• **국제 통화 기금(IMF)**: 세계 무역을 안정시키기 위해 만든 금융 기구야. 국제 은행이랄까? 회원국들의 금융 상황이 안정되고 일자리를 늘리는

일을 도와. 자유 무역을 늘리고 경제 성장을 이룰 수 있도록 돕지. 국가마다 화폐가 다르지? 대한민국은 원, 미국은 달러, 일본은 엔을 쓰잖아. 화폐가 달라도 서로 물건을 사고팔 수 있어. 화폐를 서로 바꾸기도 하지. 이런 활동도 IMF가 관리하고 감시해.

1997년 대한민국에 외환 위기가 닥쳤어. 대한민국 정부가 가진 외국돈(외환)이 바닥났지. 외국에서 상품을 사려면 돈을 줘야 해. 주로 미국 달러로 지불하지. 그런데 달러가 부족한 거야. 그러자 물가는 오르고 기업들은 부도가 났어. 그때 IMF가 대한민국 정부에 구제 금융 210억 달러를

빌려줬어. 그리고 다양한 경제 개혁을 요구하고 관리했어. 여기저기에서 구조 조정이 시작되었지. 기업을 팔고 직원을 줄이고 월급을 깎았어. 국민은 고통이 컸지만, 달러를 벌기 위해 금을 모으고 IMF가 요구하는 대로 열심히 노력했어. 2001년, 대한민국은 겨우 4년 만에 IMF에서 빌린 구제 금융을 다 갚았어. IMF의 관리도 끝났지.

• **자유 무역 협정(FTA):** 국가들이 무역을 자유롭게 하려고 맺는 협정이야. 한미(대한민구과 미국) FTA, 한중(대한민국과 중국) FTA, 한러(대한민국과 러시아) FTA처럼 두 국가 사이에 FTA 협정을 맺지. 협정을 맺은 국가들이 어떤 상품에 관세를 얼마나 붙일지, 상품을 얼마나 수입, 수출할지 등을 결정해.

국민이 국산품을 많이 사게 하려면, 수입하는 상품에 관세를 많이 붙이면 돼. 예를 들면, 국산품 연필은 700원이고, 수입 연필은 500원이야. 그럼 500원짜리 수입 연필이 더 잘 팔리겠지? 그래서 수입 연필에 관세 400원을 붙이는 거야. 이제 수입 연필은 900원이 되었어. 당연히 잘 팔리지 않겠지. 하지만 FTA 협정을 수입 연필에 관세 400원을 붙일 수 없어. FTA의 목적은 국가들이 자유롭게 무역해서 무역량을 늘리는 거니까.

한중 FTA 협상을 예로 들게. 협상 내용 중에 중국은 대한민국의 5,779개

상품에 관세를 줄여 줬어. 관세가 줄면 중국 사람은 대한민국 상품을 싸게 살 수 있고, 대한민국 기업은 수출을 더 많이 할 수 있어. 당연히 직원이 더 필요하니까 일자리가 늘고, 국가 수입도 늘지. 물론 중국도 똑같은 이익을 보게 될 거야.

반대로 FTA 때문에 피해를 보는 상품도 있어. 싼 중국 농산물이 대한민국에 수입되면, 대한민국 농산물은 잘 팔리지 않을 거야. 그래서 FTA를 맺을 때는, FTA 때문에 손해를 입는 상품을 돕는 방법도 미리 계획해야 해.

8
외교관은 너무 바빠
_그들은 왜 일본 영사관에 들어가려고 했을까?

"대사님, 야식 드세요."

진우동이 꼬불꼬불면 한 그릇을 들고 수염왕의 사무실로 들어왔어.

"나, 괜히 열심히 일했어. 꼬불꼬불나라와 슬그머니나라가 친해져선 안 되는 거였어."

수염왕 덕분에 꼬불꼬불나라와 슬그머니나라는 언제 전쟁하려고 했냐는 듯, 사이가 좋아졌어. 꼬불꼬불나라에서 온 관광객이 3배나 늘었지. 관광객이 늘어나니 사고도 늘었어. 여권이나 지갑을 잃어버린 사람, 강도를 당하거나 소매치기를 당한 사람, 교통사고를 당해 병원에 입원한 사람…….

본국에서 온 여행객을 돕느라 대사관 직원들은 국제공항으로, 병원으로, 경찰서로 찾아갔어. 슬그머니나라 국민 중에도 꼬불꼬불나라를 방문하려는 사람이 많아져서, 입국 비자를 발급하느라 영사과 직원들도 쉴 틈이 없었어. 벌써 한 달이 다 되도록, 밤 12시까지 일했어.

"꼬불꼬불면은 두 시간 전에 먹었어. 난 퇴근할래."

수염왕이 빈 그릇을 진우동에게 건넸어.

"내일 주말이니까, 늦잠 잘 거야. 절대 깨우지 마."

수염왕이 진우동에게 손가락을 흔들어 경고한 뒤, 밖으로 나갔어.

수염왕이 대사관저에 도착해서, 뜨끈뜨끈한 물로 샤워했어. 잠옷으로 갈아입고 침대에 누웠지. 벌써 새벽 1시가 다 되었어.

'요즘처럼 열심히 일했으면, 왕의 자리에서 쫓겨나지 않았을 텐데……'

수염왕이 중얼거리다 잠이 들었어.

띠리리링 띠리리링 띠리리링. 전화벨이 울렸어.

"진 서기관, 자네 미쳤나. 내 소중하고 아름다운 잠을 깨우다니! 벌써 다섯 번째야!"

"죄송합니다. 빠빠 외교부 국장이 대사님을 오랍니다."

"엥? 또 날 초치한다고? 그래, 지난 네 번도 새벽 1시 30분이었지. 알았어, 곧바로 나갈게."

수염왕은 부드러운 실크 잠옷을 입은 채 밖으로 나왔어. 진우동이 수염왕을 맞았어.

"대사님, 설마 그 차림으로 가실 겁니까?"

"응. 외교부로 당장 오라고 했다며? 가세."

수염왕은 자동차 뒷좌석에 앉아 잠옷에 달린 레이스 장식을 매만졌어.

"이렇게 계속 우리 나라와 꼬불꼬불나라의 사이가 나빠서야 되겠습니까? 우리 국민의 분노를 풀어 줘야 합니다."

빠빠가 수염왕의 잠옷을 힐끗 봤어.

"엥? 사이가 너무 좋아져서, 두 나라 여행객이 얼마나 많아졌는데요? 우리 대사관 직원들이 매일 야근합니다."

"그, 그럴 리가요. 흠흠. 저희는 꼬불꼬불나라 큰대표가 당신네 해적선의 노략질에 대해 공식적으로 사과하길 요구합니다."

'그놈의 해적선 타령, 지긋지긋하네.'

수염왕은 화가 났어. 하지만 얼굴에 미소를 지었어.

"해적선이 아니라 어선이라고 깔깔 경제부 국장이 말했습니다. 그리고 큰대표의 사과도 받지 않기로 했고."

"그럴 리 없습니다. 큰대표가 사과해야 슬그머니나라와 꼬불꼬불나라의 우정을 지킬 수 있습니다."

"깔깔 국장이 명태잡이 어선이라고 인정했다니까요."

"내 사촌 여동생이 그랬을 리 없습니다."

빠빠가 고집스레 고개를 저었어.

"진짜로 큰일 났네요."

진우동이 슬그머니나라 외교부 건물을 나서며 이마를 긁적였어.

"나, 수염왕. 비록 쫓겨났지만, 꼬불꼬불나라의 마지막 왕으로서 내 나라를 위해 참고 또 참았어. 하, 지, 만 더는 못 참아! 나 때문에 전쟁을 못 하게 되자, 낄낄왕이 날 괴롭히라고 빠빠에게 명령한 거야! 내가 잠자는 걸 얼마나 좋아하는지 아니까."

수염왕이 컴컴한 하늘을 향해 소리 질렀어. 늘 따듯해 보이던 달이, 오늘따라 낄낄왕의 금니처럼 누렇게 번쩍였어.

"나 대사 안 해! 요즘은 마음에 드는 게 하나도 없어. 낄낄왕 녀

석에게 괴롭힘을 당하는 것도 싫고, 사소한 일까지 시시콜콜 본부에 보고하는 것도 싫어. 일도 너무너무 많아. 늦잠을 못 자는 것도 싫어!"

수염왕은 짜증이 났어. 화를 참는 건 수염왕의 성격에 맞지 않아.

"사직서를 낼 거야. 그리고 낄낄왕도 그냥 두지 않을 거야."

진우동을 보내고 수염왕 혼자 대사관에 갔어. 새벽 3시가 조금 지난 시간이라 대사관엔 아무도 없었어.

수염왕은 팩스로 본부에 사직서를 보냈어. 그러고는 인터넷이 연결된 컴퓨터를 켰어.

"내가 그동안 낄낄왕에게 미운 정이라도 좀 있어서 참았지만, 이젠 안 참아. 낄낄왕, 이 소릴 들으면 깜짝 놀랄 거다. 크크."

수염왕은 세계에서 제일 많은 사람이 이용하는 동영상 사이트에 '낄낄왕의 비밀'이란 제목으로 음성 파일을 올렸어. 낄낄왕이 항상 길쭉한 왕관을 쓰고 있는 이유를 폭로한 거야.

"내가 계단에서 발을 걸었을 때, 금동왕이 중심을 잃고 팔을 허우적거리며 낄낄왕의 모자를 붙잡았지. 금동왕이 넘어지면서 모자가 벗겨졌고 말이야. 금동왕은 이가 부러져서 우느라 못 봤지만 난

분명히 봤어. 낄낄왕의 검은 털이 숭숭 자란 당나귀 귀를 말이야. 난 죽을 때까지 이 비밀을 지키려고 했어. 몸의 특징을 가지고 놀리는 건 유치하니까. 하지만 내 잠을 방해하는 녀석은 용서할 수 없지."

수염왕은 컴퓨터를 끄고 대사관저로 돌아와 푹 잤어.

진우동에게 계속 전화가 왔어. 수염왕은 전화기를 꺼 버렸어. 오랜만에 늦잠을 자고, 꼬불꼬불면과 단짜치킨을 먹었어.

월요일이 되었지만, 대사관에 출근하지 않았어.

"여긴 맛난 음식도 없고 춥기만 해. 그냥 집으로 돌아갈까? 아냐, 붉은꽃나라에 가자."

수염왕은 여행 가방에 짐을 쌌어. 으흥으흥. 콧노래가 절로 나왔어.

"일 년 내내 따뜻한 붉은꽃나라에서 잘 익은 과일을 먹을 거야. 음, 벌써 달콤하고 향긋한 과일 냄새가 나는 것 같아."

수염왕은 여행 가방을 들고 국제공항으로 향했어.

"드디어 이 나라를 벗어나는구먼."

수염왕이 공항 검색대 앞에 줄을 섰어.

"멋쟁이 선생님, 저 좀 도와주시겠어요?"

누군가 수염왕의 등을 톡톡 두드렸어. 뒤돌아보니, 아기를 안은 젊은 여자였어.

"뭘 도와 달라고?"

수염왕이 슬쩍 아기의 얼굴을 보며 물었어. 아기는 새근새근 깊은숨을 쉬며 잤어.

"이 가방을 들어 주시겠어요? 아기가 잠이 들어서 가방을 들 수 없어서요."

여자가 꽃무늬 가방을 보였어.

"그래. 오늘은 기분이 좋으니까 도와줄게."

수염왕은 흔쾌히 가방을 건네받았어. 마침 수염왕의 차례가 되어 검색대 앞으로 걸어갔어.

가방을 검색대 위에 올리고 수염왕은 검색원 앞에서 양팔을 벌렸어. 무사히 몸 검색을 마치고 검색대 앞에서 가방이 나오길 기다렸어.

"잠깐 저희랑 같이 가시죠."

검색대 모니터를 보던 검색원 두 사람이 수염왕의 양팔을 붙잡았어. 다른 한 사람은 수염왕의 가방을 들었어.

"어, 왜 그러는데? 무슨 문제가 있어?"

수염왕은 영문을 몰랐어. 하지만 검색원은 굳은 얼굴로 수염왕을 구석방으로 데리고 갔어.

"이건 어디에서 난 겁니까?"

검색원이 꽃무늬 가방을 열어서, 검은 천으로 감싼 물건을 꺼냈어. 30㎝ 정도인 낄낄왕의 동상이었어.

"이 동상은 우리 나라 문화재입니다. 사흘 전, 다이아몬드 방에서 사라졌습니다."

"설마 내가 그 흉측한 동상을 훔치기라도 했다는 거야? 내가 낄낄왕을 얼마나 싫어하는데 그 녀석 동상을 훔쳐!"

"이 얼굴은 다이아몬드입니다."

"뭐, 다이아몬드?"

수염왕은 할 말을 잃었어.

"이 가방은 어떤 아기 엄마가 나한테 들어 달라고 부탁한 거야. 진짜야!"

"저희에게 잡힌 사람은 다 남의 탓을 합니다. 아무튼 더 조사해야 하니 경찰서로 갑시다."

"안 돼! 난 억울해. 달콤한 과일을 먹어야 한다고."

수염왕은 검색원의 팔을 뿌리치며 소리쳤어.

"맞아, 맞아! 난 꼬불꼬불나라의 외교관이야. 면책 특권이 있어. 이 나라 법으로 날 처벌할 수 없다고!"

수염왕이 소리쳤어.

그러자 검색원이 어딘가로 전화를 걸었어. 한참 통화를 하더니, 고개를 끄덕였어.

"꼬불꼬불나라 대사관에 전화를 걸어서 수염왕이라는 외교관이 있는지 물었습니다. 수염왕은 외교관이 아니랍니다."

"아차, 내가 사표를 냈지."

수염왕이 중얼거렸어.

"자, 가시죠. 꼬불꼬불나라 외교관이 당신을 위해 경찰서로 오겠답니다. 경찰서에 가서 그 외교관에게 도와 달라고 하십시오."

검색원과 공항 경찰이 수염왕을 경찰차에 태웠어.

"내가 왜 그 아줌마 부탁을 들어 줬을까! 내가 왜 사표를 냈을까!"

수염왕이 한숨을 쉬었어.

공항 입구에 선 낄낄왕의 거대한 동상이 낄낄 웃는 듯했어.

수염왕이 붉은꽃나라 국제공항에서 '외교관은 특권이 있다'고 말해요. 모두가 평등한데, 왜 외교관은 특권이 있나요?

1961년 세계 주요 국가 대표들이 오스트리아 빈에 모였어. 당시 빈은 외교의 중심지였지. 모인 국가들은 외교 관계에 대한 협약을 맺었어. 외교는 세계 여러 국가가 함께 무언가를 하는 거잖아. 그런데 국가마다 외교를 하는 방법이 다르면 혼란스럽겠지.

외교 관계에 관한 빈 협약 전엔, 여러 국가가 모였을 때 강한 국가의 외교관이 좋은 자리에 앉았대. 다른 나라의 외교관보다 직급이 한참 낮은 외교관이라도 말이야. 그리고 두 국가가 협상하는데 한 국가에선 외교부 장관이, 다른 나라에선 서기관이 나오면 어쩌지? 외교부 장관과 그 국가는 자존심이 상할 거야.

또 장관과 서기관은 결정할 수 있는 권한과 책임이 달라. 협상할 문제마다 서기관이, '저는 결정할 권한이 없으니, 제 상사에게 전화로 물어보겠습니다.'라고 하면 그 협상은 엉망이 될 거야. 그래서 빈 협약에서 국가마다 외교관의 직급을 비슷하게 맞추기로 약속했어.

외교관에게 특권을 주는 것도 결정했어. 외교관은 한 나라를 대표해서 다른 나라 정부를 상대하는 사람이잖아. 그러니 외교관을 무시하거나 괴롭히는 건, 상대 국가를 무시하는 것과 같아. 아주 큰 국제 문제가 생길 수 있지.

외교관의 역할도 중요해. 수염왕은 슬그머니나라가 오대국, 반짝별나라와 동맹을 맺어서 꼬불꼬불나라를 침략하려는 계획을 알아냈어. 그리고 오대국과 반짝별나라 대표를 만나서 슬그머니나라를 돕지 말라고 설득했지. 수염왕이 전쟁을 막은 거야. 그런데 만약 슬그머니나라가 전봇대에서 징병 모집 전단을 뗀 죄를 물어서 수염왕을 구치소에 가둬 버렸다면? 당연히 꼬불꼬불나라는 슬그머니나라에 항의하고, 두 나라 사이는 더 나빠질 거야. 슬그머니나라가 꼬불꼬불나라를 침략하는 것을 막을 수도 없었겠지. 맞아, 결국 전쟁이 일어났을 거야.

외교가 얼마나 중요한지 알려 주는 옛이야기를 해 줄까? 고려 시대의 일이야. 거란족 대군이 고려를 침략했어. 고려의 왕과 신하들은 '항복하자, 영토를 조금 떼어 줘서 달래자'며 겁을 냈지. 전쟁을 끝내려면, 적진에 가서 거란군의 대장 소손녕과 협상해야 해. 서희 장군이 특사로 소손녕을 만났어. 협상 결과, 거란에 영토를 떼어 주기는커녕 되레 영토를 더 얻었어. 당연히 전쟁도 막았고.

외교는 전쟁을 시작하게 할 수도, 전쟁의 피해를 줄일 수도 있어. 전쟁을 막을 수도 있지. 전쟁 중에 적국과 외교해서 전쟁을 끝낼 수도 있어. 그만큼 외교를 담당하는 외교관의 역할이 커. 그래서 외교관이 외교를 잘할 수 있도록 보호하기 위해 외교관에게 특권을 주는 거야.

그럼 외교관은 어떤 특권이 있나요?

외교관뿐 아니라, 국가 외교를 위해 다른 국가에 있는 사람, 국제기구 직원 등은 특권이 있어서 보호받아. 이들은 자기가 머무는 국가의 법, 규칙을 따르지 않아도 돼. 그 국가의 법을 어겨도 처벌받지 않지. 죄를 지어도 벌을 받지 않는다니, 말도 안 된다고? 대신에 그 외교관은 자기 나라로 돌아가서 자기 나라 법에 따라 조사를 받고 벌을 받아.

자동차에는 번호판이 있지? 외교관이 타는 자동차 번호판은 다르게 생겼어. 남색 판에 하얀 글씨로 6자리 숫자와 '외교', '영사' 등의 글자가 적혔어. 앞의 세 자리 숫자는 자기 나라에 몇 번째로 차량 등록을 한 국가인지를 표시하는 거야. 앞의 세 자리를 알면, 그 차가 어느 국가의 차인지 알 수 있지. 뒤의 세 자리 수는 외교 공관에서의 서열을 나타내.

　예를 들면, 주한 미국대사가 타는 차 번호판은 '외교 001-001'이야. 앞의 001은 미국이 대한민국에 첫 번째로 차량을 등록한 국가라는 표시야. 뒤의 001은 미국 재외 공관에서 서열이 가장 높은 대사의 차라는 의미지. 외교관의 자동차 번호판을 일반 차와 다르게 표시하는 이유는 외교관의 차도 외교관처럼 특권이 있기 때문이야. 교통 법규를 어겨도 강제로 처벌할 수 없어. 외교관만 이용하는 주차장도 있지.

　외교관의 여권도 특별해. 이 여권을 보여 주면, 공항에서 줄을 서거나 소지품 검사를 받지 않아도 되지. 국가가 신분을 보증한 사람이기 때문에 믿는 거야. 또 혹시 매우 급한 외교를 해야 하는데, 입국 심사를 하거나 소지품 검사를 하느라 공항에서 시간을 많이 보내면 안 되잖아.

　외교관은 외국에 나가거나 본국에 돌아올 때, 외교 행낭이라는 가방을 이용해. 외교 행낭은 보내는 사람과 받는 사람 외에는 누구도 열어 볼 수 없어. 중요한 국가 기밀이 들어 있을 수 있으니까, 공항 직원이나 다른 사람이 열어선 안 되지. 또 외국에 있는 교민이 투표한 투표용지도 외교 행낭에 넣어서 본국에 보내.

　또, 외교관은 주재국에 세금도 내지 않아. 대신 자기 국가에 세금을 내지.

주재국의 법이 통하지 않는 장소도 있어. 다른 국가의 재외 공관, 군사 기지, 유엔 사무국 등이야. 그곳에선 자기 국가의 법이 통하지. 그래서 범죄자가 그곳에 있어도 주재국의 경찰, 군인이 강제로 들어가거나 체포할 수 없어. 대한민국에 있는 미국 대사관, 미군 기지에는 대한민국 경찰이나 군인이 들어갈 수 없어. 그곳은 미국 땅으로 인정해서 미국 법을 지키거든. 마찬가지로 미국에 있는 대한민국 대사관에도 미국의 경찰이나 군인이 강제로 들어갈 수 없어.

수염왕의 외교 노트

외교를 잘하기 위해, 외교관은 특권이 있다.
외교관은 주재국의 법 대신, 자기 국가의 법에 따른다.
외국에 있는 재외 공관, 군사 기지, 유엔 사무국 등도 자기들의 법에 따른다.
(나 다시 외교관 될래! 면책 특권이 필요하다고!)

그들은 왜 일본 영사관에 들어가려고 했을까?

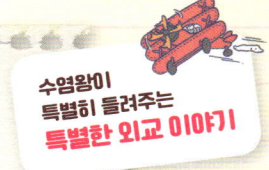
수염왕이 특별히 들려주는 **특별한 외교 이야기**

내가 왕이었을 때 이런 일이 있었어. 매주 금요일마다 난 꼬불수염숲으로 곰 사냥을 하러 갔어. 한 달 동안 곰은커녕 꿩 한 마리도 못 잡아서 짜증이 팔자수염 끝까지 솟구쳤지. 그런데 35일 만에 드디어 곰을 발견한 거야. 곰을 향해 황금 화살을 쐈어.

화살은 곰의 엉덩이를 맞혔는데, 그 녀석이 엄청난 속도로 달아나더라고. 치타인 줄 알았다니까. 그런데 그 곰이 붉은꽃나라 대사관으로 쏙 들어가 버리지 뭐야. 붉은꽃나라 대사는 나를 막았어, 감히! 엉덩이에 황금 화살이 꽂힌 곰도 내주지 않았지, 감히! 그러니 화가 안 날 수가 없잖아. 병사들에게 당장 그 대사를 지하 교도소에 가두고 굶겨라, 곰을 잡아 오라고 난리를 쳤지. 그러자 그 대사가 새초롬한 표정으로 이렇게 말했어.

"저는 외교관이라 면책 특권이 있고, 이곳은 우리 나라 재외 공관이니 당신네 병사는 들어올 수 없습니다."

그날부터 난 외교관과 재외 공관의 면책 특권을 반대했어. 중국에서 있

186

었던 이 사건을 알기 전까지 말이야.

　때는 2002년이었어. 세 살 여자아이를 업은 여자와 나이가 더 많은 여자, 젊은 남자 두 명이 중국에 있는 일본 영사관으로 달려 들어갔어. 그들은 탈북자였어. 영사관 밖에서 경비를 선 중국 공안(경찰)들이 이들을 막았지. 몸싸움이 벌어졌고 남자들은 먼저 영사관 안으로 들어갔어. 아이 엄마는 겨우 딸을 영사관 안으로 밀어 넣었어. 하지만 자신은 공안에게 잡혔지. 아이는 철망을 사이에 두고, 공안에게서 벗어나려고 몸부림치는 엄마를 물끄러미 바라보았어. 결국 탈북자 다섯 명은 모두 중국 공안에게 끌려갔지.

　이 사건을 본 사람들은 일본을 비난했어. 중국 공안은 자기 역할을 했을 뿐이지만, 일본 영사는 중국 공안이 일본 영사관 안으로 들어와서 탈북자들을 잡아가는 걸 그냥 두고 봤잖아. 원래 다른 나라의 재외 공관에는 경찰, 군인 등이 맘대로 들어갈 수 없는데 말이야.

　난 이 사건을 보고 마음을 바꿨어. 다른 나라 재외 공관의 면책 특권도 지켜 줘야겠더라고. 만약 중국이 탈북자들을 북한으로 되돌려 보내면 그들은 어떻게 될까 걱정이었지.

　그런데 외교관의 면책 특권을 나쁘게 이용하는 사람들도 있어. 그래서 외교관의 면책 특권을 없애야 한다는 주장도 많아. 그 사례를 소개할게.

2019년 영국에 있던 미국 외교관 부인이 역주행을 했어. 다른 차들은 앞으로 달리는데, 그 사람은 반대 방향으로 차를 몬 거야. 그래서 영국 사람이 차에 치여 목숨을 잃었어. 하지만 미국 외교관 부인은 면책 특권을 내세우며 미국으로 달아나 버렸어.

영국 국민은 분노했어. 영국에서 영국 사람을 죽게 했는데, 영국 법으로 처벌하지 못한다는 사실을 받아들일 수 없었지. 그래서 면책 특권을 포기하고, 영국으로 돌아와서 죗값을 치르라고 요구하고 있어. 하지만 그 외교관 부인은 면책 특권을 포기하기 싫대. 이럴 땐 어떻게 하는 게 옳은 걸까.